W0094501

Günter Zint

Große Freiheit 39

Vom Beat zum Bums
Vom »Star-Club« zum »Salambo«

Originalausgabe

WILHELM HEYNE VERLAG
MÜNCHEN

HEYNE ALLGEMEINE REIHE
Nr. 01/6964

Redaktion: Angelika Franz
Copyright (©) 1987 by Wilhelm Heyne Verlag
GmbH & Co. KG, München
Printed in Germany 1987
Umschlagfoto: Günter Zint
Innenfotos: PAN-FOTO GmbH/Günter Zint/Gaby Schmidt/
Hinrich Schultze/Mathäus Hollmann/Ehrich Cartun-Halbfass/S. 10/11, 12, 13,
14/15, 16/17, 18
dpa/S. 48, 54 Bilderdienst SZ/S. 52, 53, WEA
Texte: Kapitel 1, 6, 7, 8 Jutta Stadach/Rainer Wick/Günter Zint
Kapitel 2, 3, 4, 5 entnommen aus Dieter Beckmann/Klaus Martens, »Star-Club«,
Rowohlt Verlag, Reinbek 1980.
Umschlaggestaltung: Atelier Ingrid Schütz, München
Layout: Dieter Lidl
Satz: Fotosatz Fink, München
Druck und Bindung: RMO, München

ISBN 3-453-00719-0

Inhalt

Der Weg zum Star-Club
7

Statt Striptease Beatmusik
21

»Be-Bop-A-Lula« live
49

»Cola, Bier – oder raus«
61

»Wir waren die totalen Idealisten«
79

Vom Beat zum Bums
95

Das Ende der großen Freiheit
115

…und was davon übrig blieb
129

Für die Unterstützung unserer Arbeit möchten wir
folgenden Personen sehr herzlich danken:

Frau Schütte und der Erbengemeinschaft Schütte,
Herrn Ehrich Cartun-Halbfass (Stern-Kino)
und der Familie Durand (Salambo-Theater).

Der Weg zum Star-Club

Bagger schieben sich über die Hamburger Reeperbahn bis zur Großen Freiheit, biegen ein und beginnen beim Haus Nr. 39 mit ihrer Arbeit. Viel bleibt nicht zu tun, denn das Haus liegt seit 1983 in Schutt und Asche. Wenn die Baumaschinen wieder abziehen werden, haben sie brachial den Schlußstrich unter einem der berühmtesten Häuser St. Paulis gezogen. Den Baggern obliegt, was nicht einmal der Hausbrand anno '83 geschafft hatte: Die Beseitigung der massiven Bühne. Denn die hatte dem heftigen Feuer standgehalten, so wie sie zuvor einer Musikergruppe namens »The Beatles« standgehalten hatte.

Die Fassade des um 1880 gebauten Hauses deckte nachweislich seit der Jahrhundertwende überwiegend Gaststättenbetriebe. Ein Versammlungslokal soll hier einst gewesen sein; Ernst Thälmann soll hier einst vorgetragen haben.

In den 40er Jahren ist von diesem Hause aus ganz St. Pauli bekocht worden. Ein Pächter betrieb eine Großküche, und belieferte die umliegenden Gaststätten mit vorgefertigten Mahlzeiten, Buletten vor allem. Buletten in Millionenauflage: Unter den verwendeten Materialien für diese Buletten soll Gerüchten zufolge in der Tat auch etwas Fleisch gewesen sein. Aber das läßt sich definitiv nicht nachweisen. Kurzum: Hier herrschte allzeit knapp kalkulierender Kaufmannsgeist.

Vielleicht, um diese Buletten endgültig vergessen zu können, vielleicht, um alle Spuren zu verwischen, jedenfalls betrieb ein Pächter zwischen 1949 und 1962 in der ehemaligen Großküche ein Kino.

Mit dem Grundstückseigentümer Herrn Berthold Schütte schloß Frau Jeltheda Iderhoff am 17.9.1948 einen Miet-Vertrag zur Errichtung eines Lichtspieltheaters in dem ehemaligen Sternen-Saal und den dazugehörenden Räumlichkeiten.

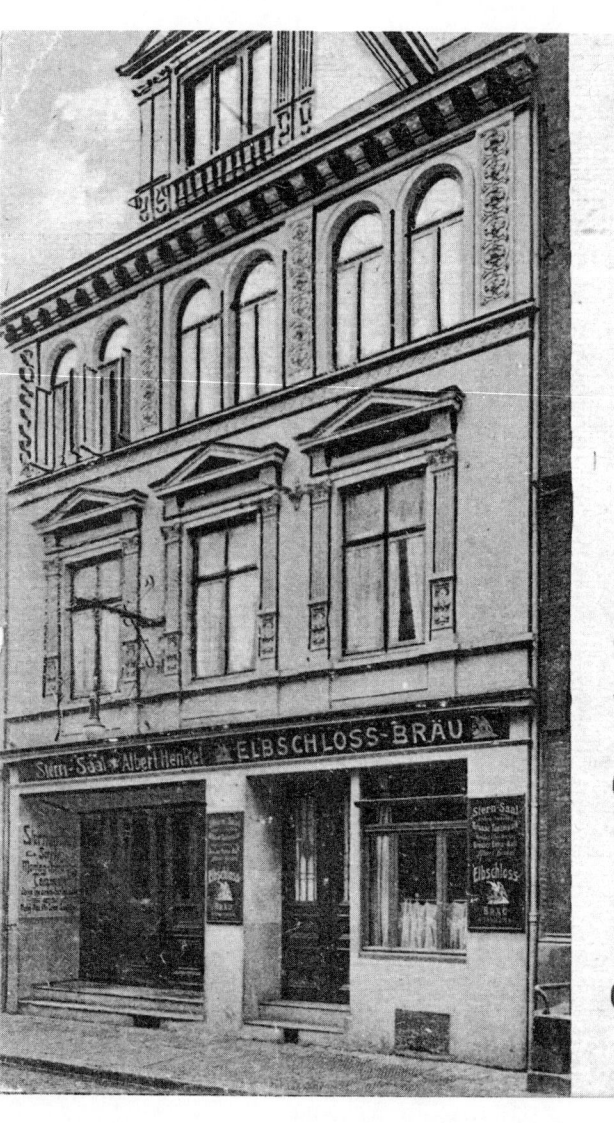

Sternen-Saal, Altona, Gr. Freiheit 39

Bes.: ALBERT HENKEL.   Fernruf Gr. 6, 4921

Büffet

Bühne

Der Sternen-Saal in Hamburg-Altona um 1919
(Postkarte)

Chef der Polizei Hamburg.

~~Der Kommandeur der Polizei Hamburg~~

Abt.IV 3.

Hamburg 1, den ....16. Januar 1946........
Schopenstehl 24
Fernspr.: 32 1825 App.353

Herrn Berthold S c h ü t t e ,
....
Hamburg-Altona, Gr.Freiheit 27–33 u.39
....

Inhaber der Gaststätte ....„ S t e r n e n s a a l "........................

bewillige ich bis auf weiteres und jederzeit widerruflich eine Ausnahme vom

Verbot der Veranstaltung öffentlicher Tanzlustbarkeiten nach § 4 der Polizei-

verordnung vom 17.1.1942. Für jeden Tag, an dem Tanzveranstaltungen stattfin-

den, ist rechtzeitig vorher ein besonderer Erlaubnisschein gegen Entrichtung

der festgesetzten Gebühr zu beantragen.

Allen sicherheitspolizeilichen Forderungen ist genauestens zu entsprechen.

Tanzen außerhalb der von der Polizei zugelassenen Tanzfläche, insbesondere

in den Gängen zwischen den Tischen und Stühlen, bleibt streng verboten.

Diese Erlaubnis erlischt, falls das Lokal, die Tanzfläche oder die Betriebs-

art in irgend einer Weise geändert oder Tanzscheine nicht mehr regelmäßig

gelöst werden sollten.

I.

Chef der Polizei Hamburg.

Übersetzung umseitig.

Nachkriegszeit: Dem Inhaber des Sternen-Saals
wurde erstmals eine Tanzerlaubnis erteilt.

Der Grundstücksbesitzer Bernhard Schütte (li.) im Gespräch
mit einem Geschäftspartner.

Sie bereitete den Ausbau vor und begann mit dem Bau in den Herbst- und Wintermonaten 1948/49.

Im März 1949 schlossen sich Frau Iderhoff und Herr Walter Cartun vertraglich zur gemeinschaftlichen Fertigstellung des Baues und der Betriebsführung des Lichtspielhauses zusammen.

»Stern-Lichtspiele« hieß der Laden, und er wurde alsbald mit einem großen, unregelmäßigen, sechszackigen Stern an der Fassade geschmückt.

Das Stern-Kino 1949 ...

...und 1958.

Einige Jahre später machte die ILLUSTRIERTE STERN, die seit ihrem Erscheinen ebenfalls einen unregelmäßigen sechszackigen Stern hatte, ihre eingetragenen gesetz-

lichen Schutzrechte geltend. Das Stern-Kino hatte solche
Schutzrechte nicht und ließ am vorhandenen Stern den
kleinsten Zacken entfernen. Von da an hatte der Stern-Kino-
bzw. der spätere Star-Club-Stern fünf Zacken.

Die Erlaubnis, der Gebrauchsschein zum Betrieb des neu
errichteten Lichtspieltheaters, wurde am 11. Mai 1949

Zu der am **3. Juni 1949** *stattfindenden Eröffnung der „Sternlichtspiele" erlauben wir uns, Sie und Ihre Angehörigen herzlichst zu einer kleinen Feier in unseren neuausgestatteten „Petrusstuben" einzuladen.*

Berthold Schütte
und Frau Margarethe

Einladungskarte zur Eröffnungsfeier des Stern-Kinos.

behördlich erteilt und die Stern-Lichtspiele eröffneten den Spielbetrieb.

Zu dieser Zeit gab es auf der Reeperbahn nur die Knopf's-Lichtspiele am Spielbudenplatz. Bau und Errichtung weiterer Lichtspieltheater auf der Reeperbahn erfolgte erst im Laufe der fünfziger Jahre.

Im gesamten Jahrzehnt der fünfziger Jahre waren die Stern-Lichtspiele ein stark besuchtes und sehr beliebtes Filmtheater.

Frau Iderhoff war 1952 aus den Stern-Lichtspielen ausgeschieden und Herr Cartun hatte das Filmtheater allein übernommen.

Im Januar 1962 veräußerte Ehrich Cartun-Halbfass, als beauftragter Vertreter seines Adoptiv-Vaters Walter Cartun, die Stern-Lichtspiele an Manfred Weißleder einschließlich des gesamten Kinoinventars.

Dieser wurde allerdings nicht ganz freiwillig Kinobesitzer. Seit Ende der fünfziger Jahre betrieb er im Obergeschoß des Hauses einen »Erotik-Night-Club«. Dort zeigte er auch teilweise selbstgedrehte »Schönheitsfilme«. Damit die Besucher die nackten Hauptdarsteller auch zum Anfassen nah und plastisch vor sich haben, zeigte er diese Filme in dem damals gerade aufgekommenen 3-D-Verfahren. Die Besucher klemmten sich eine zweifarbige Brille auf die Nase und fühlten sich wie auf einem FKK-Gelände. Der Andrang war groß. Viel zu groß für das kleine Lokal im Obergeschoß. Während sich die Besucher auf der Treppe drängten, stand das Kino im Erdgeschoß halb leer. Dem Kinobesitzer brachte der Trubel im Obergeschoß nur Ärger und Unruhe ein. So stellte er Herrn Weißleder kurzerhand vor die Alternative: der Erotik-Club muß raus, oder das Kino muß dazugepachtet werden! So kam Herr Weißleder zu einem 800-Plätze-Kino, das aber für schummrige Sex-Filme wenig geeignet war. Was nun? Nach kurzer Überlegungspause kaufte er das Kino. Die Übergabe an Manfred Weißleder erfolgte am 2. Februar 1962. In vierzig Tagen schöpfte er aus dem Vollen, baute berserkerisch um und legte die Grundlagen für das berühmteste Kapitel dieses Hauses. Nicht nur berühmter, sondern auch erheblich berüchtigter als die Buletten öffnete am 13. April 1962 der Star-Club seine Pforten: Die Rock n' Twist-Parade 1962 nahm einen roten Faden auf, der erst sieben fette Jahre später wieder reißen sollte: Rock.

Die Zeit der Dorfmusik sei vorbei, verkündete das Plakat am Eröffnungstag. Das Haus war vom ersten Tag an gerammelt voll, der Club avancierte innerhalb einer Jahresfrist zum Olymp all jener Musiker, die anfangs der 60er Jahre eine ganz heiße, ganz neue Sache machten. Zu den Päpsten dieser heißen Sache sollten kurz darauf einige Jungs aus Liverpool werden, die auf dem ersten Star-Club-Plakat als The Beatles angekündigt wurden. Das Haus war voll von Halbstarken, lederbejackt, betollt. Halbstark war ganz stark, die Lederjacken waren schwarz, The Beatles waren noch nicht artig.

Mit auf dem ersten Plakat: Tony Sheridan, Gerry and the

Die Not hat ein Ende!

Die Zeit der Dorfmusik ist vorbei!

Am Freitag, dem 13. April

eröffnet

☆ Star-Club

die Rock n' Twist-Parade 1962

mit The Beatles   Tex Roberg   Roy Young   The Graduates   The Bachelors

zusätzlich ab Mai: Tony Sheridan-Quartett und Gerry and the Pacemakers

Eine Ballung der Spitzenklasse Europas

Hmb.-St.Pauli, Gr.Freiheit 39

Manfred Weissleder KG. Druck: Heinrich Barkow, Hamburg-Altona

Pacemakers, The Graduates, The Bachelors. Die heiße Sache kam geradewegs aus dem Rock'n Roll, sie war noch nicht Beat, sie war Rock und machte Krach. Einer der Star-Club-Geschäftsführer umschrieb es so: »Es war uns völlig egal, ob die Bands nun immer genau den richtigen Ton trafen oder nicht – Hauptsache, sie waren laut, wild und gaben kräftig Zunder.«

Statt Striptease
Beatmusik

Manfred Weißleder
und sein Star-Club-Imperium

Nur mit einem kleinen Handkoffer bewaffnet, kam Manfred Weißleder Mitte der fünfziger Jahre aus Dortmund nach Hamburg. Ein paar Jahre später war der gelernte Flugzeug-Elektromechaniker Besitzer von mehr als einem Dutzend Strip- und anderen Lokalen auf St. Pauli. Mit vierunddreißig verpachtete er seine Läden, kaufte das Haus Große Freiheit Nr. 39 und sattelte um von Sex auf Rock. Er eröffnete den größten Rockclub, den Deutschland bis dahin gesehen hatte, und machte ihn in kürzester Zeit mit einem erstklassigen Programm, viel Engagement und geschickter Werbung zu einem Musiktempel, der auf der ganzen Welt einzigartig dastand.

Dabei entstand der Star-Club anfangs praktisch nur aus Zufall. Manfred Weißleder: »Das ist an sich ein Witz. Ich besitze ja noch andere Lokale, und die liegen in einem Hof an der Großen Freiheit, dem sogenannten Paradieshof. Von der Freiheit aus führte nur ein Torweg in diesen Hof, das war der Baupolizei zu wenig. Sie wollte noch einen zweiten Ausgang, und den konnte ich nur schaffen, indem ich das Haus nebenan kaufte, in dem zu der Zeit noch ein Kino war. Der Star-Club war also quasi nur ein Notausgang für die anderen Lokale. Allerdings habe ich nach Eröffnung des Star-Club dann ziemlich schnell bemerkt, daß da eine große Marktlücke bestand und daß man damit Geschäfte machen konnte. Das habe ich dann gleich entsprechend ausgeweitet.«

Manfred Weißleder war Geschäftsmann, der stets seinen Vorteil deutlich sah und zu nutzen verstand. Der Star-Club und die später angegliederten Unternehmen und Unternehmungen waren keine Wohlfahrtsinstitute und -aktionen, sondern auf Wachstum und Gewinn ausgerichtet. Aber Manfred Weißleder hatte echtes Engagement und war auch ein wenig Idealist, der von großen Dingen träumte und auf der Seite von Musikern und Publikum stand:

»Die Idee des Star-Club war die, daß nicht eine Gruppe sieben Stunden lang überstrapaziert wird, sondern daß man etwa sieben Gruppen jeweils eine Stunde lang spielen läßt. Denn diese Musik zu interpretieren ist eine solche Anstrengung, daß es niemand länger als 'ne knappe Stunde aushält, in einem Streifen jedenfalls.

Wir hatten früher auch ein ganz anderes Geschäftsprinzip gehabt als heute in diesen Betrieben, wo vergleichbare Gruppen auftreten. Wir erhoben zum Beispiel kaum Eintritt, das höchste waren 5 Mark, das waren dann aber auch Leute wie Fats Domino und Bill Haley und solche Sachen, die selbst am Abend 60 000 Mark kostete. Da habe ich immer Geld zugesetzt bei diesen Star-Auftritten. Das konnte ich, weil ich immer noch diese anderen Läden da

Spencer Davis (re.) mit Steve Winwood in der Garderobe.

habe. Und das können die Leute heute vielleicht nicht, deshalb gibt es so was wie den Star-Club auch nicht mehr. Also, ich habe an den normalen Tagen, den Alltagen, Geld verdient, und an den Tagen, wo Stars auftraten, habe ich regelmäßig zugesetzt.«

Trotzdem holte Weißleder alles in seinen Club, was Rang und Namen hatte oder zumindest vielversprechend war: »Als ich merkte, welchen Zuspruch der Star-Club fand, bin ich sofort nach England gefahren und habe da weitere Gruppen ausfindig gemacht. Später habe ich dann regelrechte Competitions abgehalten, habe die Bands vorspielen lassen. Das ist natürlich ein Nachteil, weil sie dann zwei oder drei Nummern einüben und nicht ihren wirklichen Standard bringen, aber es ging nicht anders. Ich war in Liverpool inzwischen bekannt, wenn ich da ankam, wurde ich gleich von irgendwelchen Managern verfolgt. Und ich habe mich als Unbekannter in irgendwelche Dancing Halls gesetzt, mitgehört und dann die Gruppen angesprochen.

Drummer Viv Prince von den Pretty Things.

Wir haben immer nur selbst Gruppen eingekauft, nie über Agenturen gebucht, mit Ausnahme der großen Stars, insbesondere aus Amerika, die man praktisch nur über Agenturen buchen kann. Wir haben ja praktisch alle Stars gehabt, die es in der Zeit gab, mit Ausnahme von Elvis Presley. Aber der trat sowieso nicht auf zu der Zeit. Der machte nur Filme, auch als er aus der Armee entlassen wurde. Sein Manager, der Colonel Parker, lehnte also Live-Auftritte ab zu der Zeit.«

Auf diese Weise schlug Weißleder dem Rock und Beat in Deutschland im beispiellosen Alleingang die erste große Bresche in die erstarrte scheintote Front des Unterhaltungsschmalzes der Erwachsenenwelt, die Alltag und Platten, Funk, Fernsehen, Film und Konzerte damals diktatorisch und ausschließlich beherrschte und an Gruppen höchstens das Medium-Terzett akzeptierte. Manfred Weißleder stand radikal auf der Seite von Rock 'n' Roll und Jugend, und kämpfte für sie; er wollte alles und erreichte viel. Er trat an vorderster Front an gegen Vorurteile und die jahrelange Unterdrückung der Musik, die Teil eines neuen Lebensgefühls war:

»Jedem nüchtern denkenden Menschen ist ein Beatle-Haircut lieber als der militärische Plätzchenschnitt unserer jüngeren Geschichte«, schrieb er in der ersten Ausgabe seiner Star-Club News. »Und elektrische Gitarren erzeugen einen angenehmeren Klang als das Landsknechtsgetrommel und die Fanfaren der schon wieder gen Ostland drängenden neuen Jugendverbände. Auch wenn diese vorgeben, für eine Freiheit zu tönen, in der mancher dem Nächsten sogar seinen Haarschnitt und seinen Musikgeschmack vorschreiben will!«

Von jugendlichen Ostlandmarschierern hatte er ohnehin die Schnauze gestrichen voll. Als Manfred Weißleder elf Jahre alt war, brach der Zweite Weltkrieg aus. Mit sechzehn lag er mit einem Karabiner im Dreck vor Berlin, um das Großdeutsche Reich vor dem Ansturm der Russen zu bewahren. Mit siebzehn erlebte er den Zusammenbruch und dann die Zeit des Wiederaufbaus, Jahre, in denen man als Jugendlicher nicht viel zu lachen hatte und es trotzdem versuchte. In einer STAR-CLUB-NEWS beschreibt er eine Kirmesrangelei der Nachkriegszeit, wo er mit Freunden immer versuchte, den frischgebackenen deutschen Hilfspolizisten die Karabiner zu klauen: »Der war eigentlich ganz link, unser Rabbatz. Aber Spaß gemacht hat's trotzdem. Das alles habe ich euch erzählt, damit ihr nicht meint, ich sei eine von diesen Flaschen, die sich heute hinstellen und große Reden halten, sie hätten so was früher nicht gemacht. Glaubt ihnen nicht. Die lügen!«

Er hatte die gleichen Erfahrungen gemacht wie die Halbstarken, für die er 1962 den Star-Club eröffnete. Und er hatte sie im Gegensatz zu vielen anderen Leuten nicht vergessen: »1945 haben die scharfen Hunde von der Streifen-Hitlerjugend meine Schulkumpels gegriffen und ihnen 'ne Glatze geschnitten, wenn sie abends vorm Fliegeralarm am Bunkereingang › jazzten ‹. So nannten diese verklemmten Heinis es, wenn die Jungs mal auf einem altersschwachen Akkordeon die treudeutschen Schlager etwas flotter spielten als Michael Jary im Wehrmachts-Wunschkonzert« – so ein Unterschied war das gar nicht zu den Mittsechzigern, als beatlemähnige Jungs auf offener Straße und in der Schule überfallen, festgehalten und ihnen mit Gewalt die langen Haare abgeschnitten wurden.

Es war also viel zu tun, viel aufzuholen, viel zu verändern. Und natürlich auch viel zu verdienen. Weißleder schuftete und kämpfte unermüdlich, brachte den Rock und die Stars nach Hamburg, von denen man woanders in Deutschland nur träumte. Mit Nachwuchs- und Band-Wettbewerben lockte er die Amateur-Bands aus ihren Kellern und Garagen, machte Mut, gab ihnen Auftrittsmöglichkeiten und damit die Chance zur Entwicklung. Nach 15 Monaten hatte er den Star-Club zu einer weitbekannten Institution etabliert, zum Rockzentrum mit internationalem Renommee.

Manfred Weißleder: »Alle Gruppen aus England baten uns um Nachweise, daß sie bei uns gespielt hatten. Das traf sogar auch auf Stars zu, die aus Amerika kamen, zum Bei-

spiel Chuck Berry, Bill Haley, Fats Domino und die Leute. Wir
hatten damals so 'ne Spritzschablone, mit der wir denen mit
Farbspray auf ihre Instrumentenkoffer des Star-Club-Zei-
chen aufsprühen konnten. Das haben die also immer als
erstes verlangt, vor der Gage. Das war praktisch so: Diese

Gewinner des größten nationalen Beat-Band-Wettbewerbs 1966:
The Faces (v. li. n. re. Peter Michaelis, Frank Dostal, Nils Taby,
Ingo Brandt, Bernd Schulz) mit Pokal, Urkunde und John Lennons
erster elektrischer Gitarre, die heute 850 000 DM wert ist und
im Art Museum in Liverpool ausgestellt ist.

unbekannten Gruppen kamen hier rüber, haben 'ne Zeitlang gespielt, und wenn sie nach England zurückgingen, war das praktisch 'n Garantieschein, daß die da drüben groß rauskamen. Wer im Star-Club war, war eben wer und bekam Engagements. Das hat auch den Grund gehabt in der Qualitätssteigerung der Musik, dieses Nebeneinander von vielen Gruppen, die alle miteinander konkurrierten, und dazwischen noch die Stars, von denen man was lernen konnte. Das hat sicher das Niveau gehoben bei den Bands, nehme ich an.«

Der durchschlagende Erfolg des Star-Club ließ bald auch in anderen deutschen Städten Rockclubs sprießen. Doch auch wenn sie, wie zum Beispiel der Star-Palast in Kiel, von der Innendekoration her den Club an der Großen Freiheit fast haargenau kopierten, kam einer von ihnen an das Hamburger Original heran. Weißleder nutzte den beginnenden Club-Boom und vermietete den Namen »Star-Club« für 1000 Mark im Monat an verschiedene Lokale überall im Lande. So gab es bald Star-Clubs in Berlin, Köln, Bielefeld, Kiel, Flensburg, Bremen, Karlsruhe, »und es gab auch einen in Mombasa in Afrika!« (Weißleder). Das hatte nicht nur den Erfolg einer regelmäßigen Nebeneinnahme und massiver Zusatzwerbung fürs Stammhaus an der Großen Freiheit zur Folge, sondern auch noch einen anderen Effekt: Die Star-Club-Ableger waren verpflichtet, ihre Bands bei Weißleder zu buchen: »Wir hatten eine Anzahl guter Gruppen aufgetan, die wir dauernd in Arbeit halten mußten. Das konnten wir nicht alleine in Hamburg.«

Der Star-Club wurde zum Imperium. Er beschaffte Bands, schickte sie durchs Land, managte einige von ihnen auch (so die Rattles, die Liverbirds, Lee Curtis und einige Sieger der Band-Wettbewerbe). Es gab Zweig-Star-Clubs, Star-Club-Tourneen und Sondergastspiele, vornehmlich in der Ostseehalle Kiel und in der Deutschlandhalle Berlin, unter anderem mit Jerry Lee Lewis und Chuck Berry. Es gab Star-Club-Anstecknadeln und -Aufkleber, T-Shirts und Pullover, Reisetaschen und Kopftücher mit dem Star-Club-Emblem.

»Wer im Star-Club war, war eben wer ...«
(Manfred Weißleder)

Es gab Star-Club-Schallplatten und vom August '64 an sogar eine eigene Zeitung, die freche und aggressive STAR-CLUB-NEWS. Eine solche totale Vermarkte hatte zuvor noch kein Club zustande gebracht. Der Ruhm des Star-Club stieg

Chris Andrews 1966 im Star-Club

Dave Dee von Dozy, Beakey, Mick and Tich

von Tag zu Tag, und es sah so aus, als ob Manfred Weißleder der Brian Epstein Deutschlands werden würde, der
alles Rockgeschehen im Lande unter Kontrolle hat.

Doch dann kam Amtmann Falck, fünfundvierzig, seines
Zeichens Leiter des Wirtschafts- und Ordnungsamtes
Hamburg-Mitte, von der Presse der »eiserne Besen von St.
Pauli« genannt, von Weißleder auch »vielgepriesener
Standgerichtsexperte für Gastwirtsexekutionen«. Der stu-
dierte die Akten, die Polizei und Behörden über den Club
angelegt hatten, und entschied: Das Maß ist voll! Manfred
Weißleder kam auf seine Abschußliste.

Schon von Anfang an hatten die Behörden den Star-Club
auf dem Kieker gehabt. Wer sich für die Jugend einsetzt,
handelt und tatsächlich etwas nicht Staatsgelenktes auf die
Beine stellt, ist für die Gesellschaft und Obrigkeit automatisch suspekt. Vor allem, wenn dies im rauhen Milieu von St.
Pauli stattfindet. Als erstes untersagte das Ordnungsamt
Veranstaltungen am Sonntagnachmittag für Jugendliche
von zwölf bis sechzehn, die man damals wie heute als
unreife Kleinkinder ansah und behandelte. Polizei und
Jugendschutztrupp wurden Dauergast (allein 1963 gab es
90 Polizeieinsätze). Schon bald wurde der Star-Club schär-
fer kontrolliert als die wirklichen Lasterhöhlen von St. Pauli.
Am 18. Juli 1963 um 2 Uhr 35 holte man zum großen Rund-
umschlag aus: 100 Polizisten stürmten den Star-Club und
inszenierten eine Großrazzia, wie es sie zuvor auf St. Pauli
noch nie gegeben hatte. 60 Personen, hauptsächlich Touri-
sten, wurden unter scharfer Bewachung abtransportiert.
Zum Schluß sah die Strecke der Polizei so aus: fünf Jugendliche unter achtzehn. Drei ausgerissene Fürsorgezöglinge.
Die zehn Musiker der Undertakers ohne Aufenthaltserlaub-
nis, die jedoch schon bei der Fremdenpolizei beantragt war.
Ein als vermißt gemeldetes sechzehnjähriges Mädchen.
Und eine Neunzehnjährige, gegen die ein Ermittlungsver-
fahren wegen »Fälschung der Personalpapiere« eingeleitet
wurde. Insgesamt also viel Aufwand und viel Lärm um
nichts.

The Smoke

Weißleder, der schon in seiner Sexlokal-Zeit mit Gesetzen und Vorschriften extrem pingelig war, um nicht von Amts wegen schließen zu müssen – so baute er für seine Stripperinnen extra einen Zeitschreiber ein, der genau festhielt, wie lange die letzte Hülle fiel –, wurde daraufhin noch vorsichtiger. Die Club-Angestellten wurden vergattert, so genau wie noch nie die Ausweise der Besucher zu kontrollieren. Und einmal fragte er bei der Polizei sogar an, ob es gestattet sei, sonntags ein Klavier über die Große Freiheit zu tragen.

Jetzt aber besaß Falck stärkere Argumente, um gegen den ungeliebten Club vorzugehen. Seit der Gründung 1962 nämlich hatte es im Club öfter einmal eine Prügelei gegeben. Aktenkundig wurden 1962 eine, 1963 sieben und bis Juni 1964 noch mal acht Schlägereien. Hauptakteure dabei waren stets die Kellner, die sich auf diese Weise mit Nervern, Betrunkenen und Nicht-Trinkern auseinandersetzten. Wegen dieser Tätlichkeiten, Verstöße gegen das Jugendschutzgesetz und angeblicher Steuerschulden entzog Falck am 11. Juni 1964 Manfred Weißleder die Star-Club-Konzession. Bis zum 22. Juni hatte der Club endgültig zu schließen.

Falck:»Das Faustrecht auf St. Pauli muß ein Ende haben. Nicht die Gäste, sondern die Kellner brechen im Star-Club immer wieder Prügeleien vom Zaun. Das größtenteils vorbestrafte Personal übt vielfach eine Art Selbstjustiz, statt das zuständige Polizeirevier zu benachrichtigen. Dafür ist der Inhaber verantwortlich. Es ging einfach nicht so weiter. Sicherheit und Ordnung auf St. Pauli gehen vor!«

Weißleder kämpfte mit allen juristischen Mitteln, damit ihm nicht der Boden unter den Füßen, die Basis seines Imperiums, weggezogen wurde. Er legte gegen den Entscheid sofort Einspruch ein und rechtfertigte sich:»In den 26 Monaten haben wir nur 16 Schlägereien gehabt, und das bei weit über 2,5 Millionen Gästen.« Der Konflikt schlug Wellen. Tagelang füllte die Auseinandersetzung Falck/Weißleder die Schlagzeilen aller großen Zeitungen überall im Lande. Selbst im Fernsehen traten die beiden Kontrahenten gegeneinander an. Tausende von Sympathiebekundungen und Hoffnungswünschen trafen im Star-Club-Büro ein. Die WELT AM SONNTAG bangte unter der Überschrift »Stimme der Jugend: Ja zum Star-Club«: »Was werden jene jungen Leute statt dessen unternehmen, wenn sie am Abend nicht mehr ihren Twist-Schuppen aufsuchen können? Auch wenn ein neuer Pächter den Betrieb weiterführt, bleibt eine andere Überlegung: So zwielichtig die Person Manfred Weißleder dem erscheinen mag, der die Nachrichten über Schlägereien und andere Unkorrektheiten im Star-Club verfolgt hat, so war er es doch, der den Wagemut und das Selbstvertrauen besessen hat, immer wieder Bands und Show-Musiker von internationalem Ruf nach Hamburg zu verpflichten und dafür horrende Gagen zu riskieren. So wurde Hamburgs Star-Club nicht nur zu einer populären Massenvergnügungsstätte, sondern auch zu einer Marke, die im internationalen Musikgeschäft in hohem Kurs steht. Damit dürfte es nun wohl aller Voraussicht nach bald vorbei sein.« Dagegen sagte der Leitende Regierungsdirektor Dr. Becker von der Hamburger Jugendbehörde genau das, was in den Amtsstuben gedacht wurde: »Man sollte Manfred Weißleder auf keinen Fall zu einem Märtyrer machen. Er ist Geschäftsmann und Lokalinhaber wie viele andere auch, und man sollte nicht sagen, daß er sich besonders für die Jugend eingesetzt habe. Der Star-Club ist nicht gut und ist nicht schlecht. Keineswegs ist er ein Zentrum für die Jugend.«

So bestätigte dann das Verwaltungsgericht auch den Konzessionsentzug und wies Weißleders Einspruch zurück. Am 23. Juni 1964 waren die Pforten des Star-Club geschlossen.

Die Gäste, die am Abend kamen, standen vor versperrten Türen. Sie setzten sich auf der Großen Freiheit nieder und forderten in Sprechchören: »Star-Club auf!« Immer mehr kamen, bis schließlich die Große Freiheit fast total blockiert war. Auf der Reeperbahn staute sich der Verkehr. Polizei rückte an, es sah nach einer Kraftprobe aus. Doch der Protest blieb friedlich, schließlich zerstreute man sich. Nur BILD fragte tags darauf entsetzt, warum die Polizei die Club-Demonstranten nicht per Knüppel auseinandergetrieben habe.

Doch die Zwangspause dauerte nur zwei Tage. Am 25. Juni war der Eingang wieder offen, rockten wieder die Bands. Manfred Weißleder hatte sich etwas einfallen lassen: Die Konzession war jetzt auf Hans Bunkenburg übertragen. Bunkenburg fungierte offiziell als Geschäftsführer der Star-Club GmbH, die wiederum persönlich haftender Gesellschafter der Weißleder KG war, die nach wie vor von Weißleder geleitet wurde. Im Klartext: Alles blieb praktisch beim alten, Weißleder behielt alles unter Kontrolle. Nur zeichnungsberechtigt war er nicht mehr – alle Unterschriften mußten von Bunkenburg geleistet werden.

Da Manfred Weißleder nun aber nicht mehr direkt für den Club verantwortlich war – er kümmerte sich vorwiegend nur noch um die Neu-Engagements –, konnte er seine Aktivitäten auf andere Gebiete verlegen. Er trieb die STAR-CLUB vorschau seines Hauses ein ernsthaftes Musikblatt zu machen, mit dem man gleichzeitig die eigenen Gruppen gut promoten konnte. Er organisierte einen Wochenendflug für hundert Jugendliche nach London und Liverpool, inklusive Besuch eines Beatles-Konzerts für den Spottpreis von 190 Mark. Er etablierte das neue Label Star-Club-Records auf dem Plattenmarkt und ließ Star-Club-LPs in den USA, Japan und Australien veröffentlichen. Und er plante, in der Elbmündung außerhalb der Dreimeilenzone einen Piratensender zu installieren, um damit Radio Luxemburg Konkurrenz zu machen. Das klappte letztlich nicht, weil sich Deutschland dem Straßburger Abkommen gegen Senderpiraterie anschloß. Doch Weißleders andere Projekte blühten und gediehen.

Er belieferte den Bremer TV-»Beat-Club«, der ursprünglich sogar direkt aus dem Star-Club senden sollte, regelmäßig mit Bands. Ein Rundfunksender in Chicago brachte

Die Odd Persons aus Berlin

dreimal wöchentlich halbstündliche Live-Sendungen aus dem Star-Club. Fernsehen und Presse aus ganz Europa reisten an, um aus der Großen Freiheit zu berichten. Die Rattles wurden unter seinem Management zur führenden kontinentaleuropäischen Band, tourten 1966 mit den Beatles durch Deutschland und drehten einen eigenen Spielfilm.

Im März '66 konnte der blonde Zwei-Meter-Mann seinen größten Sieg verbuchen. Seit seinem Konzessionsentzug hatte er gegen die Entscheidung geklagt – jetzt bekam er recht und die Konzession zurück. Begründung: Er habe seine Aufsichtspflicht damals nicht verletzt. Daraufhin verklagte Weißleder im Gegenzug gleich Amtmann Falck wegen »wissentlich falscher Aussagen«: Falck hatte behauptet, seit dem Konzessionsentzug habe es keine Schlägereien mehr gegeben. Weißleder dagegen konterte,

Eine »Late-Night-Session« der German Bonds, Odd Persons
und Rattles (Frank Dostal re.).

es habe sich nichts geändert. Damit kam er allerdings nicht
durch. Die Staatsanwaltschaft stellte die Ermittlungen
gegen Falck bald ein. Man kennt das ja von den Krähen.

Die Prozessiererei aber hatte Manfred Weißleder viel Zeit und Energie gekostet. Ein anderer Rückschlag kam dazu: Im Dezember 1965 war er gezwungen, die STAR-CLUB NEWS, die sich mittlerweile zu einer echten Alternative zu BRAVO und MUSIKPARADE entwickelt hatte, einzustellen. Rechtliche Verpflichtungen gegenüber dem Hamburger Heinrich

Das gab's nur einmal: Rattles und Beatles auf einem Foto
auf der Treppe des Schloßhotels Tremsbüttel am 27. 6. 1966.

Bauer Verlag, mit dem er im Juli eine Verlagsgemeinschaft eingegangen war, ließen ihm keine andere Wahl. Gemeinsam mit dem Großverlag wollte er aus seiner NEWS ein großes Jugend- und Musikblatt machen, nun wollte Bauer plötzlich unabhängig eine eigene Zeitschrift (OK) starten, die im Gegensatz zur kritischen NEWS eine der üblichen Pop-Schmonzetten werden sollte. Anfänglich sollte die NEWS nur für kurze Zeit eingestellt werden. Doch sie erschien niemals wieder.

Damit fehlte Weißleder das Sprachrohr, das er dringend benötigte. Unter anderem für ein neues Projekt, die »Star-Club International Union«. Das sollte eine Organisation

Im Juni 1966 kamen die Beatles
noch einmal nach Hamburg, um ein Konzert in der
Ernst-Merck-Halle zu geben.
Nachts schlichen sie sich aus dem
Hotel und besuchten heimlich den geliebten Star-Club.
Die Polizei hatte vor diesem Besuch
ausdrücklich gewarnt, da man nicht für ihre Sicherheit
garantieren könne. Am nächsten Tag gab es
traurige Szenen auf dem Hamburger Flughafen, als sich
die Star-Club-Fans und Groupies von ihren
geliebten Beatles verabschieden wollten und die Polizei
sie nicht durchließ.

werden, deren Mitglieder überall in Europa in Clubs, Konzerten, Plattenläden, Boutiquen und anderen Geschäften gegen Vorlage des Clubausweises Prozente bekommen. In England hatte der Discjockey Jimmy Saville schon etwas Ähnliches gestartet. Weißleder wollte das deutsche Gegenstück dazu aufbauen. Jetzt ging es nicht mehr.

Im Herbst 1966 kam ein weiterer Schlag: Rattles-Gitarrist Achim Reichel mußte zur Bundeswehr. Selbst Manfred Weißleder schaffte es nicht, den Star seiner populärsten Band vor der Kaserne zu retten. Damit war die Rattles-Karriere auf ihrem Höhepunkt geplatzt – wenige Monate später sollte ihre erste USA-Tournee stattfinden. Doch ohne den quirligen Mittelpunkt Achim verloren die Fans bald das große Interesse an der Band. Ruhm ist nur kurz, und 18 Monate Heimatverteidigung zu lang.

Langsam begann Manfred Weißleder, sich zurückzuziehen. Er kümmerte sich nach wie vor um das Star-Club-Programm, holte Cream, Hendrix und Animals, doch spektakuläre Aktionen wie früher blieben nun aus. Im September '67 hörte er ganz auf. Über seine Gründe sagte er nur: »Der Star-Club war nur eines der Lokale, die ich auf St. Pauli habe. Und ich wollte endlich mal aus diesem Nachtgeschäft raus und habe mich deshalb 1967 zurückgezogen. Zurückziehen ist gleichbedeutend mit verpachten, denn wenn man nicht selbst in einem Betrieb ist, den man selbst bewirtschaftet, geht er automatisch runter. Ich habe also das Nächstliegende getan und verpachtet an meinen Geschäftsführer, der das eigentlich kennen mußte. Und leider ist das dann doch später immer schlechter geworden, so daß ich '69 das Geschäft zugemacht habe.«

Vielleicht wollte er nicht mehr weiterkämpfen, vielleicht sah er auch als erster das Ende der großen Beat-Zeit nahen – Manfred Weißleder ging jedenfalls und zog sich total zurück. Die monatliche Pacht seiner diversen Lokale sicherte ihm regelmäßige Einnahmen. Alles andere interessierte ihn nicht mehr.

1970, als der alte Star-Club geschlossen war, liebäugelte

er noch einmal mit den alten Zeiten: »Ich habe da mit dem Gedanken gespielt, so was wieder aufzumachen. Aber es gibt einfach keine Räumlichkeit, die die Besucherzahl faßt, die man benötigt, um Stars bezahlen zu können. Man muß 2500 Leute da reinbringen, immer, sonst werden die Preise zu hoch.« Schließlich gestattete er Jahre später einem anderen es noch einmal zu versuchen: »Es gibt einen einzigen Mann, dem ich die Rechte übertragen habe, allerdings in begrenztem Umfang und auch nur an einer bestimmten Stelle einen neuen Star-Club zu betreiben, und das ist Horst Fascher. Das ist ein früherer Freund von mir, und er war auch früher Geschäftsführer bei mir. Dem habe ich das Recht zugestanden. Sonst gibt's keinen, der das dürfte, denn ich habe ja nach wie vor die Rechte an der Etablissements-Bezeichnung.«

Das ist die Geschichte von Manfred Weißleder und dem Aufstieg und Niedergang des Star-Club-Imperiums.

Gene Vincent, der erste echte Rock-Star, der 1962
die Star-Club-Bühne betrat. Von 1962–1965 trat er insgesamt an
mehr als 60 Tagen auf.

»Be-Bop-A-Lula« Live

Die Superstars des Rock 'n' Roll zum Anfassen

Die vielen Bands aus Liverpool, London, Manchester, Birmingham, Dublin oder Glasgow waren Herz und Rückgrat des Star-Clubs. Für viele war der Star-Club ihre »Lehrzeit«, manche der Gruppen und Musiker, die damals Nacht für Nacht auftraten, machten später Karriere und ließen dadurch die Geschichte des Star-Club zur Legende werden. Doch damals waren sie nur der »Alltag«, unbekannte Musiker von vielen, bestenfalls Lokalgrößen. Den frühen Ruhm des Star-Club begründeten andere: die Superstars des Rock 'n' Roll.

Manfred Weißleder wollte mehr als nur einen Twistschuppen, der sich bis auf die Größe und die zahlreicheren Bands nicht von den anderen Rockclubs in Hamburg unterschied. Er wollte mehr als nur Bands, die fremde Songs nachspielen. Er wollte die Originale. Und er holte sie:

Gene Vincent war der erste echte Rock-Star, der im Mai 1962 die Bühne des Star-Club betrat. BE BOP A LULA live – das jagte dem Publikum einen Freudenschauer nach dem anderen über den Rücken. Seit Bill Haley 1958 war kein echter großer Rocker mehr in Deutschland gewesen, und nun dies! Der Star-Club war brechend voll, und in der ersten Reihe standen die jungen Musiker aus England mit großen Augen, weil auch sie hier ihr großes Idol zum ersten Mal hautnah erlebten. Unter den Engländern, die vor Staunen den Mund nicht mehr zubekamen, befanden sich auch die Beatles. Sie holten sich von Gene Vincent Autogramme, ließen sich mit ihm fotografieren und durften sogar mit Gene zusammen ein bißchen jammen. Vincents Erfolg war so gewaltig, daß er auch in den folgenden Jahren immer wieder in den Star-Club zurückgeholt wurde. Bis 1965 trat er insgesamt mehr als 60 Tage an der Großen Freiheit auf, mit

wechselnden Begleitbands, darunter den Outlaws mit Rit-
chie Blackmore an der Gitarre. Doch Gene Vincent war nur
der Anfang.

Vom 24. September bis zum 7. Oktober gastierte die

Der König des Rock 'n' Roll: Bill Haley.
Er war die Sensation schlechthin,
und seine Konzerte waren immer ausverkauft.

Eine Rock-Größe nach der anderen war angesagt:
nach Little Richard ...

nächste Rock-Sensation: Bill Haley persönlich! Bei Hamburgs Polizei herrschte Katastrophenstimmung. Mit Schrecken erinnerte sie sich an die Straßenschlachten vor vier Jahren und bereitete ihre Einsatztrupps unter größten Bedenken auf einen neuen Nahkampf vor. In Star-Club-Nähe wurden Wasserwerfer postiert, eine Hundertschaft saß abrufbereit. Doch im Gegensatz zu den Veranstaltern von früher war man im Star-Club Begeisterung und tanzende Fans gewohnt und sah ihren Jubel nicht als beginnenden Aufruhr an, der nur noch mit Gummiknüppeln gestoppt werden konnte. Alles blieb friedlich, und Haley kehrte auch später noch mehrmals an die Große Freiheit zurück. Insgesamt gastierte er 28 Tage.

Und während Bill Haley noch sein zweiwöchiges Gastspiel gab, kam am 30. September schon die nächste Granate: Little Richard, der Leibhaftige des Rock, frisch zurück aus dem selbstgewählten Kloster-Exil, um der Welt wieder die Botschaft von TUTTI FRUTTI zu bringen. Begleitet von der Sounds Incorporated legte er im Laufe seiner Show einen fast kompletten Striptease auf die Bretter und hatte einen derartigen Erfolg, daß er schon für Anfang November wiedergebucht wurde. Bis Ende 1964 trat Little Richard insgesamt 23 Tage im Star-Club auf.

Am 29. Oktober landete auf dem Hamburger Flughafen eine Maschine aus Nizza. An Bord: Fats Domino mit seiner Band. Am gleichen Abend gab er zwei Konzerte, die bis heute zu den absoluten Höhepunkten in der Geschichte des Clubs gezählt werden. Nach den Shows gefiel es Fats im Star-Club so gut, daß er seine Musiker allein ins Hotel zurückschickte. Fats kletterte zurück auf die Bühne, klemmte sich hinters Piano und machte mit den anwesenden Gruppen – darunter den Searchers und Gerry & the Pacemakers – noch stundenlang weiter. Bis ihn schließlich um 6 Uhr sein Manager direkt vom Piano zum Flugplatz schleppte.

Die Rock 'n' Roll-Größen kamen Schlag auf Schlag. Für Ray Charles wurde am 10. Mai '63 die Bühne in ein Blumen-

...brachte Fats Domino und seine Band die Fans zum Toben.

meer verwandelt und extra vergrößert, damit seine komplette Bigband darauf Platz fand. Ohne mit der Wimper zu zucken, zahlte Manfred Weißleder eine Rekordgage von 60 000 Mark, um Ray Charles, der sonst nur in den größten Hallen Amerikas auftrat, für eines seiner seltenen Club-Gastspiele zu gewinnen. Und im Gegensatz zu sonst ging es in dieser Nacht richtig feierlich zu: Alle lauschten voll Hingabe den Tönen des Meisters.

Zwei Tage später donnerte wieder das altbekannte Trampeln und Brüllen durch den Saal an der großen Freiheit. Jerry Lee Lewis, der Killer am Piano, das Tier am Klavier, begann sein erstes einwöchiges Engagement. Reihenweise fielen Mädchen in Ohnmacht, wenn Jerry Lee sich mit einem goldenen Kamm die Locken ordnete. Begleiten ließ er sich von den Nashville Teens, später auch von den Outlaws. Einer seiner Auftritte wurde im Star-Club für eine LP mitgeschnitten, die im gleichen Jahr von amerikanischen Fachjournalisten zur besten bisherigen Live-Aufnahme der Welt erklärt wurde.

Es kamen die Everly Brothers (2 Tage), Bo Diddley (3 Tage) und Duane Eddy (8 Tage). Und schließlich kam auch Chuck Berry. Der hatte wie üblich seine Gage bereits im voraus kassiert und wollte fünf Minuten vor dem ersten Auftritt noch 1000 Dollar zusätzlich. Hans Bunkenburg: »Er war ein richtig Verrückter. Wir mußten ihn hinter der Bühne einschließen, damit Berry nicht abhaute. Als er dann mehr Gage forderte, haben wir die Hintertür versperrt und ihm gesagt, wenn er nicht spielt, müsse er durch den vollen Saal gehen, wenn er raus wolle. Da ist Berry dann doch zum vereinbarten Preis aufgetreten!«

Wie es bei diesen Auftritten zuging, weiß Pico noch genau: »Da kam man nicht mehr durch den Club durch, weil es gerammelt voll war. Da konnte kein Kellner mehr arbeiten, da ging gar nichts mehr. Die ganze Menge jodelte, damit es losging. Wenn dann der Star kam, stürzte erst mal alles zur Bühne, und jeder wollte rauf. Ich mußte die Leute zurückstoßen, und weil ich das ja nicht allein schaffen konnte, haben mir immer ein paar Jungs dabei geholfen. Da fielen irgendwelche Weiber in Ohnmacht, denen hab ich dann erst mal 'n Glas Wasser gebracht. Bei Jerry Lee Lewis, Gene Vincent, Brenda Lee, Wee Willie Harris, überall das gleiche. Alle wollten auf die Bühne, auch die Frauen, alles, was da vorne war. Die haben sich so gequetscht, daß sie ohnmächtig wurden. Wir haben sie dann rausgezogen und gleich wieder in die Menge geschmissen, so, wie sie waren.«

Neben den Rock-Königen wurde jede Menge weiterer Prominenz für Star-Gastspiele gebucht. Bis zum August '64 gastierten außerdem Johnny & the Hurricanes (36 Tage), The Tornados (18), Joey Dee & the Starliters (21), Chubby Checker (2), Johnny Kidd & the Pirates (56), Tommy Roe (4), Brenda Lee (1), Wee Willie Harris (31), Screaming Lord Sutch (34), Little Eva (1), Vince Taylor (21), Emile Ford (42), Joe Brown (3) und Millie (1 Tag).

Der Millie-Auftritt war ein Drama für sich. Sie stand gerade mit My Boy Lollipop in den Hitparaden, hatte für den gleichen Tag Verträge mit dem Star-Club und einem Lokal in Kiel abgeschlossen und für beide Veranstaltungen im voraus kassiert. Eine Band hatte sie nicht, also überredete ihr Manager den gerade anwesenden Klaus Doldinger, am Nachmittag schnell noch eine Begleitgruppe zusammenzustellen. Wie und was die Gruppe allerdings begleiten sollte, wußte niemand. Noten gab es nicht, und so konnte nur nach einer LP grob geübt werden. Ohne Millie – die kam erst 15 Minuten vor ihrem Auftritt und erklärte, daß sie ihre Songs von der LP nicht mehr auswendig kenne. Das Chaos war vorprogrammiert, und Doldinger tarnte sich daraufhin mit der blonden Lockenperücke seiner Frau, damit ihn auch ja niemand erkennt. Die Band ging auf die Bühne, spielte zwei Nummern, dann kam Millie, und alles war zu spät. Vier Songs lang kämpfte jeder gegen jeden, dann verschwand Millie wieder und meinte, ihre Arbeit sei getan. Und während das Publikum noch buhte, war sie schon auf dem Weg ins Hotel. Nach Kiel fuhr sie an dem Abend auch nicht mehr. Wozu auch – das Geld hatte sie ja schon.

Dieser Vorfall aber blieb eine Ausnahme. Alle anderen Stars kamen pünktlich, boten Leistung und spielten oft länger, als sie vertraglich eigentlich mußten. Manfred Weißleder hatte es geschafft: Während in Deutschlands Konzertsälen nur bunte Schlagerabende stattfanden, lief in seinem Club genau das Programm, auf das die Rock-Fans seit Jahren voll Sehnsucht gewartet hatten, hautnah und zum Anfassen für Eintrittspreise von 3 bis 5 Mark (nur Ray Charles kostete wegen der Supergage 20 Mark). Selbst in den Mutterländern von Beat und Rock 'n' Roll, in England und den USA, gab es kein vergleichbares Lokal, das ein so geballtes Rockprogramm der Spitzenklasse bot.

Nach zwei Jahren war der Star-Club nicht mehr nur ein Musikclub von vielen, sondern genau das, was als Werbespruch auf Pullovern und Aufklebern stand.

»The most famous Beat-Club in the world«.

Der berühmteste Beat-Club der Welt.

›Cola, Bier – oder raus!‹

Fans und Kellner im Star-Club

Zwei Welten existierten im Star-Club. Einmal waren da die Musiker, auf und hinter der Bühne. Und dann gab es die Leute vor der Bühne: das Publikum. Die Fans. Achim Reichel: »Das Star-Club-Publikum am Anfang war, wie soll ich mal sagen, ziemlich proletariermäßig. Es war reichlich St. Pauli-durchtränkt. Eimsbüttel, Barmbek, so aus der Gegend. Und es gab einige wenige, das waren denn schon so erlauchte Kreise, also sogenannte Exis, die ins Rocklager übergewechselt sind. Wie Astrid Kirchherr und irgendwelche Schülerinnen und Schüler und Kunststudenten, also auch Leute aus wohlbehüteten Familien. Aber im wesentlichen war das schon ein ziemlich rauhbeiniges Publikum.«

Rockmusik war 1962 noch Untergrund, Subkultur, der Sound einer kleinen radikalen Minderheit. Dazu noch auf St. Pauli, wo mit der Faust diskutiert und mit dem Messer kassiert wurde, mitten im Kiez-Milieu – das schreckte zunächst die breiten Kreise der Jugend und viel mehr noch ihre Eltern ab. Doch Verbote bewirken meist das Gegenteil, und mit der Zeit kamen sie doch alle.

Einer von ihnen war Frank Dostal, der noch nicht im Traum daran dachte, daß er später einmal als Rattles-Sänger auf der Star-Club-Bühne stehen sollte:

»Ich war ein halbes Jahr nach der Eröffnung zum ersten Mal da, vorher war ich nur ein paarmal im Top Ten. In den Star-Club ging man nicht als Bürgersöhnchen, weil es hieß, da seien nur die Rocker. Ich war vorher schon mal in so einem kleinen Lokal in der Freiheit gewesen, und da hab ich sofort eine riesige, blutige Schlägerei gesehen. Und als ich dann hörte, daß im Star-Club nur Rocker seien, die ja damals durchweg sehr gewalttätig waren, bin ich eben nicht hingegangen. Das hat sich aber geändert, als ich hörte, daß

Das Star-Club-Publikum

---

die Beatles dort wieder spielten, da hab ich mich dann mal getraut. Und ich war gleich unheimlich begeistert. Was einem bis dahin an Unterhaltung geboten wurde, war doch entweder Fernsehen, Peter Frankenfeld oder so was, oder Jazz, also Dixieland oder Modern Jazz. Und daß da irgendwie so Typen auf der Bühne waren, mit denen man sich wesentlich eher identifizieren konnte und die die Musik live machten, die man nur von Platten her kannte, das hat den wesentlichen Kick ausgemacht. Ich bin dann auch vom ersten Mal an mindestens zweimal die Woche im Star-Club gewesen. Das war in den Augen meiner Mutter und sonsti-

ger Verwandter ganz schön gefährlich, so oft nach St. Pauli zu gehen. Aber in Wirklichkeit war das ganz cool, weil die Typen auf St. Pauli und die Portiers immer gleich gesehen haben: Der will zum Star-Club, und da haben sie uns nie dumm angemacht.

Lederjacken und so was wurden im Star-Club eigentlich nicht getragen. Die Leute hatten alle Anzüge an, Krawatten und Nyltesthemden. Wer damals dazu noch Cowboystiefel besaß, war ganz besonders progressiv. Sie machten sich sorgfältig zurecht, wenn sie hingingen, das war richtig Ausgehen. In erster Linie ging man ja auch hin, um Musik zu hören und zu tanzen, nicht um rumzuhängen, dazu war der Star-Club zu faszinierend. Jeden Tag war es gerammelt voll. Der Star-Club war für die Jugend so was wie die Dame ohne

Unterleib, die totale Sensation, deshalb kamen auch immer so viele.«

Dafür gab es auch noch einen anderen Grund. Frank Dostal:»Der Star-Club war schon am Anfang so eine Art Gegenkultur, auch wenn es den Leuten damals nicht so bewußt war. Die gesellschaftlichen Verhaltensnormen, die außerhalb des Star-Club galten, hatten hier keine Funktion. Im Star-Club funktionierte alles viel ›jugendlicher‹ als draußen. Die Eltern hatten hier nichts zu sagen, die einzigen Autoritäten waren die Musiker. Und die Kellner.«

Dieter Horns:»Für mich waren das alles Stars, die da spielten. Ich war damals sechzehn und mehr der Typ, der hinten stand, sich alles anguckte und am Anfang um 10 Uhr wieder nach Hause mußte. Es war gar nicht schwierig, die Musiker kennenzulernen. Ich saß oft hinten an der Bar, wo die Bettina arbeitete, und wenn die Beatles mit ihrem Set fertig waren, kamen sie immer alle zu Betty und haben sich erst mal 'nen Whisky reingezogen und mit den Torten gequatscht. Das war alles sehr beeindruckend.«

Natürlich ging es im Star-Club nicht zu wie bei einem Damenkränzchen. Frank Dostal:»Geprügelt wurde da reichlich, und zwar immer kurz und bündig. Die Kellner hatten immer eine lockere Faust, wenn einer nichts trinken wollte, sich ihren Anweisungen nicht fügte, oder wenn besoffene Seeleute Alarm machten. Ich hab mal gesehen, wie ein Kellner einen Schweden mit einem Schlag gegen die Tür vom Notausgang geschmettert hat, daß die aufging und der Kerl durch sie hinten auf den Hof flog. Die Kellner und Geschäftsführer waren ja auch alle ganz stämmige Burschen mit breiten Schultern.«

Die Kellner in den weißen Jacken lebten nach eigenen Gesetzen:»Wir wollten in erster Linie vedienen. Also haben wir uns darum gekümmert, daß die Kasse stimmt. Außerdem wurden wir und unsere Umsätze ja auch von der Geschäftsleitung kontrolliert. Oft saß Weißleder versteckt auf dem Balkon und beobachtete uns. Oder er schickte Freunde, die er dafür bezahlte, als geheime Kontrolleure.

Hans Bunkenburg (re.), Geschäftsführer des Star-Club,
mit dem Musiker Georgie Fame (li.).

Weil es meistens für Gespräche zu laut und der Laden
auch zu voll war, sind wir oft zu zweit losgezogen. Der eine
hatte 'ne Kiste voll Bier und Cola, und ich stand da und
guckte die Leute nur an oder deutete mit dem Finger und
strengem Blick auf sie. Dann wußten die gleich Bescheid,
daß sie jetzt die Wahl hatten: Cola, Bier – oder raus. Wenn
einer von denen Ärger machte, waren gleich die ganzen
Kollegen da. Der hatte dann keine Chance.

Stand irgendwo ein halbvolles Bier herum, dessen Besitzer auf dem Klo war oder wegguckte, hab ich die Flaschen
eingesammelt und aus den angebrochenen wieder volle
Flaschen gemacht, die dann noch mal verkauft werden
konnten, auf eigene Rechnung. Solche Betrügereien

Frühe Graffiti der 60er Jahre hinter der Star-Club-Bühne.

HIER IST ES IHM GELUNGEN TONY SHERIDAN ZUM VERWECHSELN ÄHNLICH ZU SEIN
WANK
DAS OHR LAUSCHT NACH DEM TAKT DEN ER NICHT HALTEN KAN
Wank-Peet
ONLY TAKES INJETIONS AND ASK EVERY GIRL UNDER 6 JEARS FOR A WANK.
MAMA BETTY'S BESTES STÜC
BEKLEIDUNGS
WENN DIE DENKEN, DASZ ICH LONG TALL SALLY SINGE ...
HÄ, HÄ, HÄ
Cunt Face Dieter
NOT ONLY LOOKING LIKE A CUNT HE STINKS LIKE A CUNT TOO.
WO HABE ICH DIESE BEINSTELLUNG SCHON MAL GESEHEN???

Ein Stück Hemd von Dave Dee hat dieses Mädchen ergattert.
Heute ist sie Hausfrau und Mutter und lebt in Kanada.

Mathäus Hollmann mit der Beatles-Gitarre, dem Hauptpreis des Beatle-Festivals von 1966.

gegenüber der Geschäftsleitung haben fast alle gemacht, auch die Barfrauen. Die verkauften hinter ihren Tresen zum Teil Flaschen, die sie sich selbst aus dem Supermarkt mitgebracht hatten. Das war bekannt, aber nur schwer zu kontrollieren.

Wenn irgendwelche Star-Gastspiele liefen, kamen oft Typen zu mir und sagten:»Hier sind 10 Mark, laß doch mal meine vier Freunde durch den Notausgang rein.« Solche Geschäfte haben wir natürlich auch immer gern gemacht.

Später dann haben wir das 50-Pfennig-Ritual eingeführt. An einer Cola oder 'nem Bier verdienten wir nämlich 35 Pfennig. Also brauchte jemand nichts zu trinken, wenn er uns 50 Pfennig gab. Die kassierten wir so zwei- oder dreimal am Abend, er kam billig weg und wir verdienten mehr daran, als wenn er was getrunken hätte. Wer also Bescheid wußte, keinen Ärger machte und sich nicht zu lange an seiner Cola festhielt, hatte mit uns eigentlich keine großen Probleme.«

Probleme gab es nur allabendlich für diejenigen im Star-Club, die noch keine achtzehn waren. Offiziell durfte man erst ab sechzehn herein, aber mit einer wilden Brisk-Tolle über dem Konfirmationsanzug oder Stöckelschuhen, Lippenstift und hochtoupierter Bienenkorbfrisur schafften es einige doch. Um 21 Uhr 50 aber, wenn die Star-Band ihren ersten Auftritt beendet hatte, schlug per Ansage aus dem Hauslautsprecher die Stunde der Wahrheit, die stets etliche Gäste dazu brachte, schlagartig ein paar Jahre älter auszusehen:

»Meine Damen und Herren, in wenigen Minuten ist es 22 Uhr. Alle Jugendlichen unter achtzehn Jahren müssen jetzt den Star-Club verlassen. Die Kellner sind angewiesen, eine Ausweiskontrolle durchzuführen. Personen, die sich nicht ausweisen können, müssen ebenfalls das Haus verlassen. Den Anweisungen der Kellner ist unbedingt Folge zu leisten. In zehn Minuten geht es dann weiter im Star-Club mit...«

Dieter Horns:»Dann sind wir immer rauf und runter

gerannt oder oben auf den Balkon, immer hin und her, und wir haben immer ne' Ecke gefunden, wohin wir uns verdrükken konnten, bis die nächste Band wieder spielte. Oder wir gingen raus und kamen eine halbe Stunde später ganz frech wieder zurück.«

Oder Kuno Dreysse, der später sogar selbst Geschäftsführer im Star-Club wurde: »Ich hatte immer ein bißchen Schiß vor den Kellnern. Deshalb hatte ich immer 5 Mark in der Tasche, davon konnte ich zwei Bier bestellen. Eines am Anfang und eins so kurz vor 10 Uhr, damit der Kellner dann an mir vorbeiguckt.«

Der Star-Club wurde zum Mittelpunkt der Welt, der eigenen Welt: »Wir standen da jede Nacht vorne direkt an der Bühne und konnten das Weiße im Auge der Musiker sehen, und die rockten los, und wir boppten mit und hauten mit unseren Bierflaschen dazu den Takt auf die Bühnenbretter. Und wenn eine Nummer wie WHAT 'd I SAY kam, mit 'nem guten Refrain oder 'ner Echostelle, haben wir alle laut mitgebrüllt. Man kannte zwar immer ein paar Leute im Star-Club, aber meistens war man irgendwo in der Masse eingekeilt, und alle waren tierisch drauf. Mit der Zeit lernte man dann auch ein paar Musiker kennen, und wenn man mit denen dann zu Gretel & Alfons ein Bier trinken ging oder sogar mal hinter die Bühne durfte, war man ganz stolz und fühlte sich wie der King.«

Vor allem dieser direkte Kontakt zu den Musikern im Star-Club war ein einmaliges Erlebnis. »Es traten wirklich alle wichtigen Gruppen auf, alles, was Rang und Namen hatte. Und man sah die Bands nicht nur einmal, sondern wochenlang, jede Nacht ein paarmal. So dicht wie im Star-Club kam man sonst nirgends an sie ran. Wenn die Musiker auf der Bühne ihren Kopf schüttelten, bekam man den Schweiß ab, und rief man ihnen zu, daß sie diese oder jene Nummer spielen sollten, so taten sie es auch. So eine totale Einheit zwischen Musiker und Publikum wie damals im Star-Club gibt es heute nirgends mehr.«

Faszinierend war auch die Sache mit dem Vorhang:

Das Lokal Gretel & Alfons, das heute noch existiert,
war sozusagen die »Kantine« des Star-Club. Die Engländer

nannten das Lokal einfach »Beershop«. Dort wurde nach der
Arbeit mit den Groupies gefeiert und getrunken.

Auch in der Blockhütte (Große Freiheit) trafen sich
Musiker und Fans nach getaner Arbeit.

Oft wurde dort weitermusiziert –
allerdings mehr Folk als Rock und Beat.

»Kurz bevor die nächste Band begann, bewegte sich der Vorhang schon immer sehr geheimnisvoll. Man hörte, daß sich dahinter etwas tat, ab und zu rülpste auch schon mal jemand unsichtbar ins Mikrophon oder machte sonst irgendwelchen Quatsch. Dann kam von irgendwo hinter der Bühne die Ansage, die Band begann mit ihrer ersten Nummer, und ganz langsam öffnete sich der Vorhang nach beiden Seiten und zeigte, wer sich dahinter verbarg. Das war jedesmal wie Weihnachten beim Geschenkeauspacken.«

Bald kamen fast eine Million Besucher im Jahr. War ein Jugendlicher in Hamburg, führte ihn sein erster Weg in den Star-Club. Manche reisten sogar aus England, Frankreich und Skandinavien an, nur um ein paar Nächte im berühmten Club an der großen Freiheit zu verbringen. Verzweifelte Eltern schrieben Briefe und riefen im Star-Club-Büro an, ob ihr ausgerissener Sohn oder ihre verschwundene Tochter nicht gesehen wurde. Je länger die Haare der männlichen Gäste wurden, desto mehr drängten sich vor der Bühne mit der Manhattan-Skyline. Viele von ihnen kamen jahrelang, verbrachten hier ihre Jugend und erlagen Nacht für Nacht der Faszination des dämmrigen Saals und der unaufhörlich rockenden Bands. Hier gab es alles, wonach man hungerte. Man war unter sich und hatte den Sound, der nur einem selbst gehörte. Der Star-Club war ein kleines Stück Freiheit in einer feindlichen Welt, die von Autoritäten, Verboten und Zwängen beherrscht war und alles, was Spaß machte, bekämpfte und zu unterdrücken versuchte. Wie den Rock und den Beat, Sex, die langen Haare und sogar das Jungsein überhaupt.

Im Star-Club aber fand das wahre Leben statt.

›Wir waren die totalen Idealisten‹

Das letzte Aufgebot der Herren Dostal und Reichel

Es waren hauptsächlich nostalgische Gefühle, die Achim Reichel und Frank Dostal dazu bewogen, im Februar '69 den siechen Star-Club als neue Pächter zu übernehmen. Frank Dostal: »Der Niedergang des Clubs war für uns enttäuschend. Achim und ich hatten hier als Musiker begonnen. Für uns war der Star-Club ein Teil unseres Lebens, und wir konnten einfach nicht begreifen, daß das, was dort zuvor jahrelang lief, plötzlich nicht mehr möglich sein sollte.

Natürlich hatten sich inzwischen die Zeiten geändert. Ein Laden mit dem Anspruch des Star-Club hielt sich einfach nicht mehr, weil nicht mehr genügend Zuschauer kamen und kein Stammpublikum mehr existierte. Die musikalischen Geschmäcker hatten sich längst derartig aufgeteilt, daß nur noch bei wirklich angesagten Bands der Club so voll war, wie es sich gehörte, um ihn finanziell zu tragen. Bloß Achim und ich mit unseren zuen Schädeln hatten das noch nicht mitgekriegt.

Für uns galten ganz andere Gesichtspunkte: Der Laden war schmutzig, und das Programm war Scheiße. Also sagten wir: Der Star-Club steht wieder auf in dem Moment, in dem wir ihn sauberer machen und bessere Musik holen. Das war so unser Eindruck.

Wir haben also den Mietvertrag von Dieckmann übernommen. Die Pacht betrug im Monat 6400 Mark, das war damals der absolute Wahnwitzpreis, übern Daumen hatten wir dann im Monat so 10 000 Mark feste Kosten. Aber Geld war am Anfang ja da, weil Achim und ich 1968 mit Wonderland Hits hatten und daran ganz gut verdienten. Die Belegschaft übernahmen wir komplett, die Discothek haben wir aus der Mitte des Saales raus- und rechts an die Bühne rangebaut und ansonsten alles so gelassen, wie es war. Und wir haben gedacht: Jetzt muß es ja unheimlich bergauf gehen!«

Dritter im Bunde mit Reichel und Dostal war Kuno Dreysse, der als Geschäftsführer fungierte. Für Kuno – die Rivets hatten sich kurz zuvor aufgelöst – bedeutete der neue Job alles: »Also ich und der Star-Club, diese Jugend-Oase, dieser Tempel, Götzentempel der Musik – und plötzlich war ich derjenige, der ihn machte. Das war gewaltig, das hat mich unheimlich fasziniert. Ich rannte am Anfang immer nur mit der Prickelhaut auf dem Rückgrat rum.«

Heute sieht er es etwas anders: »Wir waren ja alle grüne Jungs, wir hatten keine Erfahrungen in dieser Richtung, und genaugenommen war ich als Geschäftsführer völlig deplaciert. Aber wir haben uns unheimlich angestrengt, um wieder das alte Niveau hinzukriegen, um Gruppen zu holen, die wie früher wegweisend waren. Wir waren die totalen Idealisten, und ich muß sagen, daß es wohl das letzte Mal in meinem Leben war, daß ich so viel Idealismus hatte und auch so viel Energie aufbrachte.«

Energie und Idealismus waren auch dringend nötig. Kuno: »Der Star-Club war eine Bruchbude, die es so nicht ein zweites Mal gibt. Die Heizung funktionierte nicht, der Laden wurde und wurde nicht warm, und das auch noch mitten im Winter. Die Lieferanten waren total mißtrauisch, Cola und Bier mußten immer gleich cash bezahlt werden, weil der ganze Kredit des Star-Club in der Zeit vorher durch Unkorrektheiten verspielt war. Ich habe wirklich Tag und Nacht gearbeitet und in der Zeit reichlich Captagon geschmissen. Ich machte den Einkauf, und weil wir eine Zeitlang nicht mal 'ne Putzfrau hatten, hab ich morgens mit wunden Füßen auch noch immer den Star-Club gefegt. Die Nutten kamen dann immer aus dem Paradieshof nebenan und guckten mir durch die offene Tür zu, wie ich da am Fegen war, und wenn dann ein Typ von der Brauerei mit den

Bierkisten kam und nach dem Geschäftsführer fragte, habe ich den Besen weggestellt, meine Stiefel angezogen und gesagt: »Der Geschäftsführer bin ich.« Das war schon ziemlich peinlich.

Frank Dostal und Achim Reichel waren für das Programm zuständig und buchten in England alles, was vielversprechend und gleichzeitig noch bezahlbar war. Und sie schafften es tatsächlich, noch einmal echte Band-Bonbons an die Elbe zu holen. Trotz aller äußerlichen Schwierigkeiten erlebte der Star-Club unter ihrer Führung seine dritte große Zeit. Frank Dostal probierte es gleich im ganz großen Stil: »Ich habe sofort versucht, John Lennon anzusprechen, ob er noch mal im Star-Club ein Gastspiel geben würde. Daraufhin schickte er uns ein Telegramm, daß er uns viel Glück wünscht, aber selbst aktiv werden wollte er nicht.« Trotzdem ließ sich der Start gut an: Im Februar gastierten erstmals The Nice, die gerade mit AMERICA in England ihren ersten großen Single-Erfolg verbuchten. Keith Emerson bearbeitete seine Orgel mit Händen, Ellbogen, Kopf und Füßen, rammte Messer zwischen die Tasten und trieb mit ihr ähnliches wie zwei Jahre zuvor Jimi Hendrix mit seiner Gitarre. Der Erfolg von Nice war gewaltig: bis zum Ende des Jahres kehrten sie noch zweimal in den Star-Club zurück.

Es folgten Spooky Tooth, die wie immer ein volles Haus garantierten und die bis Dezember ebenfalls noch zweimal wiedergebucht wurden.

Andere Star-Gastspiele brachten nicht den gewünschten Erfolg. Kuno: »Einmal sind wir total auf die Schnauze gefallen, als wir die Tremeloes engagierten. Wir dachten, die haben ja Welthits gehabt, also ist das 'ne Granate, aber dann kam kaum jemand. Es war eben 'ne reine Popband, für die sich das Progressiv-Publikum nun überhaupt nicht interessierte.«

Im März kamen Savage Rose, wenig später die Rainbows mit dem späteren Uriah Heep-Mann Dave Byron als Sänger. Im April gastierten die Casuals, im Mai der Move-Ableger Ace Kefford Stand. Pink Floyd sollten zu dieser Zeit eben-

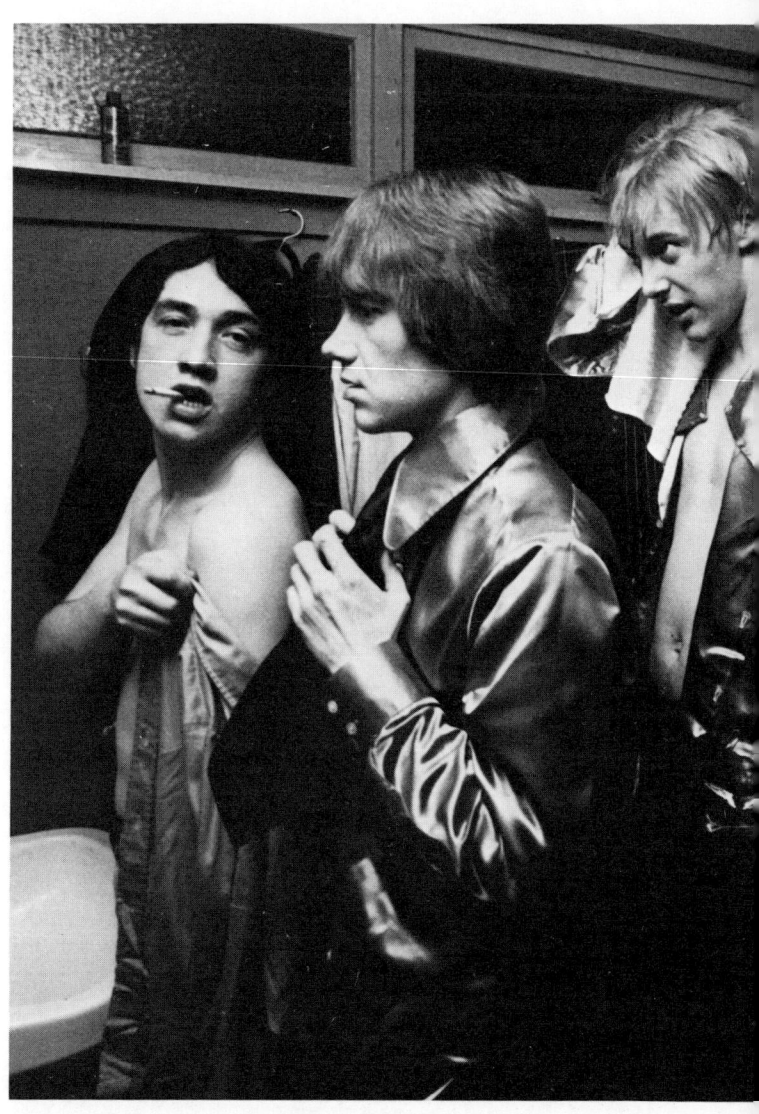

The Easybeats live und in der Garderobe. Die beiden Gitarristen
George Young und Harry Vanda arbeiten noch heute

erfolgreich als Songschreiber, die beiden Young-Brüder Angus und Malcolm touren jetzt mit AC/DC.

falls auftreten, kamen dann aber doch nicht. Überhaupt gab es immer wieder Probleme mit Gruppen, die zwar gebucht waren, dann aber nicht erschienen. Kuno: »Wir hatten die Pretty Things angekündigt und an dem Abend ein brechend volles Haus. Und dann kamen die nicht, und ich mußte raus auf die Bühne und das ansagen und den Leuten an der Kasse ihr Geld zurückzahlen, o Mann! Verträge mit England kannst du vergessen, das war immer ein banges Hoffen und Warten, ob nun die Band auch tatsächlich kommt oder nicht. Das gleiche haben wir auch mit Free erlebt, wir hatten die unterschriebenen Verträge liegen für ein 2-Tage-Gastspiel, und die haben die Verträge einfach ignoriert. Und nun klage mal nach England rüber – keine Chance! Diese Nerven, ob die Bands auch tatsächlich kommen, kann echt keiner nachvollziehen. Diese ewige Angst – du hast zwar den Vertrag, aber kommt die Gruppe jetzt auch oder müssen wir die Abendkasse, die wir wirklich nötig brauchten, wieder zurückzahlen.

Zum Glück war das Publikum immer sehr verständnisvoll und hat nie gemurrt.«

Die Zeiten, in denen Bands ihr letztes Hemd dafür gaben, um im Star-Club auftreten zu dürfen, waren unwiederbringlich dahin. Kuno: »Die spielten nicht mehr nur aus Image-Gründen. Ich würde schon sagen, daß einige Gruppen auch deshalb kamen, weil irgendwelche Bandmitglieder früher mal im Star-Club auftraten. Aber es war gleichzeitig auch eine Sache der D-Mark, wenn die nicht stimmte, lief gar nichts.«

Ende Mai gab es dann wieder ein Konzert der alten Güte: die Easybeats rockten zwei Shows lang alles in Grund und Boden. Vor der Bühne standen die Mädchen mit Tränen in den Augen und kreischten den Australiern zu, und alles war noch einmal so wie früher. Am 6. Juni gastierten Love Affair vor versammeltem Teen-Publikum, und am 11. Juni kam Häuptling Keef Hartley mit Fransenjacke und Indianerkopfputz für zwei Konzerte an die Große Freiheit.

Fünf Tage später trat ein weiterer Hammer auf: The Taste.

»Spätestens nach ihrem Auftritt hat die Trauer um die zerbrochenen Cream ein Ende!« stand auf den Handzetteln, die zuvor überall in Hamburg verteilt wurden. Und es stimmte: Dieses erste Taste-Konzert in Deutschland machte Rory Gallagher zumindest in Hamburg über Nacht zum Superstar. Die Begeisterung war so stark, daß der Star-Club die Band vier Wochen später wieder auf die Bühne brachte und Taste im Herbst schon im Alleingang die größten Hamburger Konzertsäle füllten.

Am 26. Juni schließlich, sechs Wochen vor Woodstock, kam Richie Havens und verwandelte den Star-Club beinahe in eine Kathedrale: So andachtsvoll wie bei ihm lauschte lange kein Publikum mehr. Es folgten Re-Buchungen von Spooky Tooth, Nice und Taste, die US-Gruppen Ohio Express und Bandwagon. Dann, am 20. und 21. August, gab im Star-Club eine andere englische Spitzenband ihr Deutschland-Debüt: Yes.

Doch trotz dieses Weltklasse-Programms war der endgültige Tod des Star-Club nicht mehr zu stoppen. Kuno: »Wir hatten das Problem, daß bei guten, wirklich guten Gruppen der Laden alltags leer war. Am Wochenende haben wir dann so gerade eben die Band-Gage wieder rausgeholt. Das Publikum hat uns trotz all unserer Bemühungen einfach im Stich gelassen. Die Leute sind nur gekommen, wenn namhafte Bands da waren. Nur: die nahmhaften Bands haben natürlich auch namhaftes Geld gekriegt, und das konnten wir gerade eben mit Eintritt und Getränken – dabei ist der Einkauf noch gar nicht gerechnet – decken. Unser Defizit aus der Woche aber blieb bestehen und wurde immer mehr.

Das Publikum kam nur bei Star-Gastspielen mal kurz aus dem Grünspan rüber, anschließend sausten sie schnell wieder zurück. Außerdem traten ja jetzt auch Bands in großen Konzerthallen auf, die sonst früher immer im Star-Club waren. Das hat uns natürlich ebenfalls geschadet. Neue Bands konnten wir im Gegensatz zu früher nicht mehr richtig aufbauen, weil einfach niemand da war, um sie zu sehen.

Dazu kam, daß der Star-Club eben eine Bruchbude mit einem ziemlich schlechten Image war. Mal war was los, mal nicht, mal war Discothek – man konnte einfach nicht mehr wie früher blind in den Star-Club gehen und ständig war dort Action. Wir haben uns zwar total abgerackert, um das wieder zu ändern, aber gegen den Imageverlust aus der Dieckmann-Zeit kamen wir nicht so schnell an. Vielleicht, wenn wir mehr Zeit gehabt hätten, aber dazu langte unsere Kohle nicht mehr. Wir hatten zum Teil auch unheimliches Pech. Im November '69 hatten wir zum Beispiel Spooky Tooth für zwei Tage gebucht. Der erste Tag lief auch sehr gut, aber am zweiten Tag setzte plötzlich ein tierischer Schneesturm ein, und da kamen dann nur noch gerade zweihundert Leute.«

Das Ende nahte. Im September erschienen in der Presse die ersten Nachrufe auf den Club, der acht Jahre lang das musikalische Geschehen in Hamburg bestimmt hatte. Doch Dostal, Reichel und Dreysse gaben nicht kampflos auf. Sie bescherten dem Star-Club einen glanzvollen Abgang und buchten noch einmal Namen auf Namen.

Colosseum, East of Eden, Juniors Eyes, The Gun, Steamhammer und Man traten im Herbst im todgeweihten Club auf. Einige Wochen lang spielten als abendliches Alltagsprogramm The Earth, die sich dann in Black Sabbath umtauften und eine Weltkarriere starteten. Es kamen Griffin mit dem späteren Yes-Drummer Alan White und Hardin & York, die »kleinste Bigband der Welt«, ein Ableger der Spencer Davis Group, die in Hamburg sofort zur clubfüllenden Attraktion aufstieg.

Es gastierten Vanilla Fudge, zu der Zeit neben Iron Butterfly die Drogen-Kultband Nr. 1, und ließen die Zeitungen jubeln: »Noch einmal eine Nacht wie früher!« Es kam Brian Auger, der im brechend vollen Haus zwei Konzerte gab, an die in Hamburg noch heute ehrfurchtsvoll gedacht wird.

Und der 31. Dezember, der letzte Tag des Star-Club, rückte immer näher. Finanziell standen Dostal, Reichel und Dreysse schon längst jenseits von Gut und Böse. Kuno:

»In der Woche hatten wir dicht, damit wir wenigstens am Wochenende noch ein Programm finanzieren konnten.«
(Kuno Dreysse)

»Die letzten Monate konnten wir keine Miete mehr bezahlen, da haben wir seit Oktober praktisch unsere Kaution › abgefressen ‹. Die Frau an der Kasse war angewiesen, immer wenn sie 50 Mark zusammenhatte, sie schnell in ihrer Handtasche verschwinden zu lassen, damit eventuelle Abendkassen-Pfändungen keinen Erfolg hatten. In der Woche hatten wir dicht, damit wir wenigstens am Wochenende noch ein Programm finanzieren konnten.«

Auch die Bands bekamen die Finanzmisere zu spüren. Frank Dostal: »Ziemlich zum Schluß spielten bei uns die Groundhogs, und weil wir echt keinen stinkigen Pfennig mehr hatten, haben sie keine Gage mehr gekriegt. Vor ein paar Jahren war ihr Gitarrist Tony McPhee mal wieder in Hamburg, und das erste, was er wissen wollte, war: ›Ist Frank Dostal noch in der Stadt? Von dem kriege ich nämlich noch Geld!‹ Ich hatte schließlich immer die Verträge mit den Gruppen unterschrieben.«

Von Manfred Weißleder, der einst den Star-Club mit ungeheurem persönlichen Engagement aufgebaut hatte, war keine Hilfe zu erwarten. Kuno: »Wir hatten zum Glück nur einen Vorvertrag mit ihm, keinen richtigen Pachtvertrag, der uns fünf Jahre oder so gebunden hätte. Sonst wären wir total verloren gewesen. Weißleder hatte den Vertrag selbst formuliert, und dabei war ihm zum Glück für uns ein Formfehler unterlaufen. Er wollte zwar von uns noch reichlich Geld sehen, auch für die Zeit, in der er schon den nächsten Mieter für das Haus hatte, aber wir hatten dann einen harten Fight mit Rechtsanwälten und konnten das Ding anfechten. Deswegen sind wir auch noch recht gut da rausgekommen.«

Am Silvesterabend 1969 fand im Star-Club das letzte Konzert statt. Hardin & York traten auf und lieferten ein wehmutsvolles Abschiedsrequiem auf das Ende einer Epoche mit einem Songmedley der Band, die hier vor acht Jahren die Eröffnungsnacht bestritt: mit einer 25-Minuten-Version der Beatles-Klassiker LADY MADONNA und NORWEGIAN WOOD. Bevor die letzte Band die Star-Club-Bühne betrat, hielt Kuno seine Abschiedsrede:

»Ich habe mich da richtig in Zorn geredet. Ich sagte, dies sei der letzte Abend, also der wirklich allerletzte Abend im Star-Club. Und daß ihr, das Publikum, daran selber schuld habt. Ihr kommt mit dem Arsch nur hoch, wenn irgendwas Namhaftes hier ist, dann bemüht ihr euch noch mal an die Große Freiheit, sonst nicht. Ihr werdet noch an den Star-Club denken, wenn ihr in der Musikhalle eure Hintern in die

Sessel zwängt und euch nicht mehr bewegen könnt, kein Bier mehr dazu trinken könnt und die Bands in so einer kühlen Konzert-Atmosphäre hören müßt. Bei uns mosert ihr über den Heiermann Eintritt, und in die Musikhalle rennt ihr für 20 oder 30 Mark die Karte, und habt da nur stur das Routine-Programm, das im Star-Club ganz lebendig die ganze Nacht lief. Ihr werdet euch noch an den Star-Club erinnern, und ihr werdet trauern und euch schämen, daß es ihn nicht mehr gibt!

Natürlich habe ich da die falschen Leute angepöbelt, das galt ja mehr für die Leute, die nicht gekommen waren. Aber ich war eben doch ganz schön frustriert, da hatten wir uns alle total abgerackert für nichts und wieder nichts. Ich hatte an dem Abend ziemlich gemischte Gefühle. Auf der einen Seite war ich sehr froh, daß der ganze Krampf vorbei war. Aber auf der anderen Seite war es diese Enttäuschung, daß wir es nicht geschafft hatten, den Club wieder auf das Niveau von früher zu bringen. Da waren wir gescheitert. Heute schwärmt wieder alles vom Star-Club, auch von unserer Schlußphase, weil wir da wirklich noch mal was auf die Bühne brachten. Aber das liegt wohl daran, daß die Erinnerung ziemlich verklärt und das Angenehme immer positivere Gestalt annimmt und man die Unannehmlichkeiten vergißt. Wenn ich es heute ganz sachlich betrachte, gab es für mich keine schönen Augenblicke im Star-Club. Okay, wenn abends mal der Laden voll war und ich einen Moment nicht an die Abrechnung dachte, dann glaubte ich schon, Mensch, vielleicht ist das der Anfang. Vielleicht gefällt ihnen das heute, und sie kommen morgen wieder. Aber am nächsten Tag war's wieder leer. Das waren so die ganz kurzen Augenblicke, aber an sich war immer die Enttäuschung da.

Als alles vorbei war, haben wir hinter der Bühne noch ein Bier getrunken, dann packten wir schnell unseren Kram zusammen und verschwanden. Hardin & York hörten um 22 Uhr auf, denn bis Mitternacht mußte der Laden geräumt sein. Ja, und das war dann das Ende.«

Dieter Beckmann: »Für uns alte Star-Club-Fans war das

Das Ende des Star-Clubs
(v. li. Armin Reichel, Kuno Dreysse, Frank Dostal).

so, als ob ein guter alter Freund gestorben war. Die Zeit in den Kneipen auf der Großen Freiheit, die Imbißbuden, der Beershop, die Musiker, die man traf, die Leute, mit denen man reden konnte, all das war mit einemmal aus. In den anderen Musikschuppen fühlten wir uns unwohl. Das war nicht unsere Szene. Die starke Gemeinschaft von Fans und Musikern, die Kumpels, die Musik machten und mit dir dann Bier tranken und für die der Star-Club der Mittelpunkt war, die brach jetzt auseinander. Viele von den Leuten habe ich dann auch nie wieder gesehen.«

Die Musik war zu Ende, die Lichter gingen aus. Eine Ära war vorbei.

Die ehemalige Star-Club-Bühne während des Umbaus 1970.

Vom Beat
zum Bums

Anfang der 70er Jahre zog das »Salambo«, René Durands Sex-Theater, in den Räumen des ehemaligen Star-Club ein. Hier rollten bis ins Jahr 1983 zügige Freierrubel, hopsten verruchte Nackte in unmittelbarer Nachbarschaft zum Schwestern-Haus der Kirche. Das Haus an der Großen Freiheit 39 hatte sich ins umliegende Sexgewerbe eingegliedert.

Kunst und Sex – ein Experiment auf St. Pauli

Von Karlheinz Przybylla

»Der König ist tot, es lebe der König.« Mit diesen Worten kommentiert René Durand, von den Hamburgern der Sex-Papst genannt, die Übernahme des früheren Star-Clubs an der Großen Freiheit.

Ein riesiges Schild hängt jetzt über dem Eingang: »Erotic Theater Salambo« und dazu ein eigenwilliges Porträt des Franzosen, dem die Liebe zum Theater schon in die Wiege gelegt wurde. Sein Vater war Theaterdirektor am Pariser »Theatre Antoine«, seine Mutter stand 27 Jahre als Opernsängerin auf der Bühne, und er selbst hat schon seit 20 Jahren Bühnenbretter unter den Füßen. Und nun hat er endlich sein eigenes Theater. Ein Ähnlichkeit mit dem früheren Beatschuppen ist nicht mehr festzustellen. Es gibt eine Bühne mit vielen technischen Finessen, schwerer roter Samt hängt von den Wänden, Plätze für etwa 200 Personen und auch die seinerzeit umstrittenen intimen Logen sind noch vorhanden. Es muß eine Unmenge Geld gekostet haben, aber darüber schweigt sich Durand beharrlich aus.

Ich sitze ihm in seinem Büro im ersten Stock gegenüber. Sein Haar reicht fast bis zu den Schultern, und seine bunte Aufmachung wirkt fast abenteuerlich. Aber er ist voller

Außenansicht des Salambo 1970.

René Durand mit seinen Damen

Gedanken. »Ich will den Besuchern Kunst anbieten, natürlich geht es in dieser Gegend nicht ohne Sex, und so habe ich das Stück mit einer anständigen Prise Erotic gewürzt. Es hat nichts mit Strip zu tun, es ist auch kein Musical, sondern eine neue Theaterform, eine Mischung aus Mimus Pantomimos, der deklamatorisch vom modernen Theaterweg abweicht, und spontanen Gefühlsausdrücken. Es gibt keinen Dialog, sondern jeder spricht zu sich selbst, um auf diese Weise seine Gefühle am deutlichsten auszudrücken.«

Der Buchstabe M erscheint gleich dreimal auf der ersten Seite seines Programmheftes – das soll heißen: Mord, Marihuana, Mädchen, Manson, Massen. Denn alles, was mit dem Mordfall Sharon Tate – Charles Manson zu tun hat, fängt mit dem Buchstaben M an. So glaubt es jedenfalls Durand herausgefunden zu haben. Die ermordete Schauspielerin erscheint nicht in dem Stück, Charles Manson und seine Hippie-Freundin Susanne Atkins treten jedoch in Erscheinung.

Das Stück beginnt im Jahre 1954 als der Rock 'n' Roll aufkam. Nur eine Musikbox steht auf der Bühne. Ein alter Mann erscheint und streichelt den Kasten wie einen guten Freund. Dabei spricht er von den guten alten Zeiten, die nun vorbei sind. Er wirft ein Geldstück in die Box, drückt einige Tasten und verschwindet. Dann plärrt Rock-'n'-Roll-Musik aus den Lautsprechern, und Rocker stürmen die Bühne.

»Vor dieser Zeit«, so René Durand über sein Stück, »hatte die Jugend keine Kraft, aber mit Beginn der Massenveranstaltungen wurde sie stark. Es begann die sanfte Periode und der Einzug von Marihuana. Den Zusammenschluß der Jugend machten sich die Verteiler von Rauschgift zunutze. Es gab eine Zigarette umsonst, dafür mußten 100 Stück an den Mann gebracht werden. Und plötzlich verspürte die Jugend ihre Kraft und begann, ihre Superfreiheit zu genießen, die von den Gesellschaftshütern nicht ernst genug genommen wurde. Es folgte die zweite Periode. Rocker randalierten, töteten, zerstörten und vergewaltigten, alles im

Mit einem Schild in der Auslage versucht René Durand,
Darsteller für seine Hippie-Sex-Show zu bekommen.

Namen der Freiheit. Aber auch das ging vorbei. Es tauchten
die Blumenkinder auf. Die weiche Welle begann. Man stieg
von Marihuana auf Hasch um, und von da bis zur harten
Droge war es nur ein ganz kleiner Schritt. Aus den Blumen-
kindern wurden Menschen, die ihre Haare lang wachsen ließen und in den Tag hinein zu leben begannen. Ganz langsam schlossen sie sich dadurch selbst aus der Gesellschaft aus. Sie wurden leichte Beute von geisteskranken,
aber willensstarken Menschen, die die Schwäche der
Jugend nutzten, um ihre Wahnideen zu verwirklichen. Ver-
stehen Sie jetzt, warum Sharon Tate sterben mußte?«

Auf der Bühne spielt sich eine Hasch-Szene ab; es riecht auch nach Hasch. Dazu wird aus einer elektronisch gesteuerten, von Durand entworfenen Anlage Musik ausgestrahlt, die langsam den gesamten Zuschauerraum ringsum beschallt. Der Effekt, der mehrmals wiederholt wird, dauert etwas über eine Minute. Länger würde man ihn auch nicht aushalten, ohne in einen Rausch versetzt zu werden. Dieser Spaß allein kostet rund 13 000 Mark. Nach der Hasch-Szene folgt Massenpetting, bei dem sich die Paare fast vollständig entkleiden.

Eine andere Szene: Mit dem Ruf »Mord« stürmen Jugendliche von der Bühne ins Publikum und erscheinen danach mit blutverschmierten Händen wieder auf der Bühne, um sich dort zu lieben. Das Publikum ist durch einen Plastikvorhang von den Schauspielern getrennt. Aus der Höhe schwebt plötzlich Manson, ihr Messias, zu ihnen herab. Er spielt Gitarre, während über ein Playback die Kopie eines Tonbandes abläuft, auf dem Charles Manson (der echte diesmal) ein Lied singt: »People say I'm no good«. Das Originalband wurde nach der Verhaftung Mansons in seiner Wohnung beschlagnahmt, später jedoch freigegeben. Die Darsteller strecken während des Herabschwebens ihrem Messias ihre blutverschmierten Hände entgegen, tragen ihn dann zu einem Hügel und erwarten von ihm für ihre Mordtaten ein Lob. Doch Manson greift sich seine Hippi-Freundin Atkins. Statt Lob gibt es Koitus.

Das Licht erlischt, und Manson wird im Namen des Gesetzes wegen Anstiftung zum Mord verhaftet. – Kunst? Es bleibt abzuwarten.

Während Durand gedankenvoll an seinem Schreibtisch sitzt, hört man von der gegenüberliegenden Straßenseite die Anpreisung eines Portiers: »Kleine Preise, große Schweinereien«. Das Stichwort ist gefallen. »In meinem Theater gibt es Eintrittspreise von 5 bis 10 Mark, dazu ein Glas Champagner frei. Während der Show kann man nur echten französischen Champagner bestellen, die Flasche

Mit einer Hippie-Sex-Show eröffnet René Durand
(im Hintergrund) sein Sex-Theater im Haus Große Freiheit Nr. 39.

»Sex-Papst« René Durand in Aktion

zu 80 Mark. Bier, in einem silbernen Becher serviert, kostet je Flasche 30 Mark, Whisky und Cognac je 10 Mark.« Nicht teuer, wenn man die Reeperbahnverhältnisse kennt, denn in einer primitiven Stripbar wird man für eine Flasche Sekt gut und gerne 180 Mark hinblättern müssen.

Aber auch Humor steckt in dem eigenwilligen Menschen. Unter den Sitzbänken sind 47 Lautsprecher installiert, die mit Hilfe eines Tonpultes und Lochkarten je nach Wunsch einzeln beschickt werden können. So ertönt plötzlich ganz leise an Tisch 3 eine Männerstimme: »Bitte, gnädige Frau, nehmen Sie doch Ihre Hand wieder auf den Tisch.« Oder am Ecktisch eine Frauenstimmme: »Oh, mein Strumpf-halter...«

Hinter den Kulissen: in der Bühnengarderobe des Salambo.

Aber auch die elegant eingerichteten Toiletten haben eine Überraschung bereit. Die Sitze sind mit Kontakten versehen, die bei Benutzung ein Tonband in Bewegung setzen. Leitmotiv auf der Herrentoilette ist die »Marseillaise«, bei den Damen »Parlezmoi d'amour«. Dazwischen die auf Toiletten üblichen Geräusche.

»Dieses Theater ist mein Wunschkind, und ich habe es in fast genau neun Monaten ausgetragen. Im Januar habe ich mit den Vorbereitungen angefangen und in mühevoller Arbeit junge talentierte Menschen gesucht, mit denen ich jetzt schon mehr als drei Monate harte Proben hinter mir habe. Die Show steht, und ich hoffe, noch im Oktober beginnen zu können. Vielleicht ist die erste Vorstellung gleichzeitig meine letzte, denn ich weiß nicht, was die Behörden dazu sagen. Kunst oder nicht? Es lebe jedenfalls die Illusion.«

Mit aufwendigen Tanz-Shows machte René Durand 1976 beinahe Konkurs.

René Durand (Mitte) mit Choreograph Peters
und Tochter Yvonne 1976.

Soweit die Eindrücke von Karlheinz Przybylla.

Der quirlige Franzose ist seit Mitte der 60er Jahre Trend-
setter für St. Pauli geworden. Mit immer neuen Show-Einfäl-
len und gewagten Sex-Revuen brachte er auch andere
Kiez-Etablissements in den Zugzwang. Wann immer ein
Programm im Salambo Furore machte, wurde es kurze Zeit
später in anderen Lokalen imitiert. Das ging soweit, daß
auch sein größter Reinfall prompte Nachahmer fand und
diese damit auch eine Bruchlandung machten.

1976 holte Durand ausgebildete Tänzer aus London und
stellte eine turbulente Show mit Parodien, Cancan, Ballett,
Akrobatik und Sketchen auf die ehemalige Beatles-Bühne.
Die Premierenfeier wurde Durands größter Achtungserfolg

bei den Journalisten der Hansestadt. Die Zeitungen lobten und priesen die spritzige Revue. Einzelne Zeitungen läuteten sogar schon eine neue Epoche der Show-Branche auf St. Pauli ein. Doch leider war dies alles voreilig. Das Publikum urteilte anders. Die Salambo-Gäste waren harten Sex gewohnt und wollten darauf nicht verzichten. Immer mehr Gäste blieben fern und Durand mußte nach knapp drei Monaten einen Verlust von einer runden Million verbuchen. Er baute wieder harte Sex-Nummern in die Show ein, was zur Folge hatte, daß die anspruchsvollen Tänzer fluchtartig sein Etablissement verließen. Vorwitzig hatten schon zwei Nachbarn die Salambo-Ballett-Nummern kopiert und eigene Shows auf die Bühne gebracht. Auch sie mußten noch vor Saisonende das Handtuch werfen.

Das Ende
der
großen Freiheit

Ab Ende '76 wurde wieder »handfester Schweine-kram« auf den Bühnen gebracht, und die Gäste kamen wieder in Scharen. Noch sieben fette Jahre erlebte das Salambo im Hause Große Freiheit 39 mit sieben verschiedenen Sex-Revuen, die jeweils zu Saisonbeginn mit einer großen Premierenfeier eingeweiht wurden. Gerade als die Premiere zur Saison '83 ins Haus stand, ging der berühmt-berüchtigte Laden in Flammen auf.

Durands Laden war wie alle Kiez-Lokale nicht versichert. Keine Versicherung nimmt Geschäfte aus der Sündenmeile als Kunden an, da die Risiken des Milieus nicht »kalkulier-bar« sind. Lediglich der Gebäudeschaden ist durch die Feuerkasse abgesichert.

Es rankten sich eine Reihe von Geschichten um das Feuer. Man sprach auch von Brandstiftung. Als Täter kom-men in St. Pauli eine ganze Menge von Durands Konkurren-ten in Frage, und solche Geschichten werden vom Volks-mund laufend aktualisiert. Drei Jahre lang diskutierten die Hauseigentümer, die Versicherungsgesellschaft, die Bau-behörde und viele andere mehr über den Brand und das Haus. Und was nun, was tun?

Eine Ladenpassage und ein Appartementhaus beschlos-sen die Hauseigentümer. Und so wird, wenn die Bagger fer-tig sind, ein Zweckbau hochgezogen. Da ein entsprechen-des Projekt bereits genehmigt wurde, läßt sich der Bau nicht mehr verhindern, was viele St. Paulianer wohl gerne täten. Aber es regten sich bereits interessante Belegungsideen. Eine Gruppe will ein kleines Beatles-Museum einrichten. Auch ein Stadtteilarchiv St. Pauli ist im Gespräch. Ob das jedoch jemals realisiert werden kann, liegt am Entgegen-kommen der Erbengemeinschaft.

Ungeklärt ist zur Zeit auch noch die Frage, was mit dem typischen Kuppeltürmchen geschieht, das ein Jahrhundert

Am 18. Februar 1983 brannte das Haus Große Freiheit Nr. 39 aus.

René Durand sieht fassungslos den Löscharbeiten zu.

Der Morgenpost-Redakteur G. P. Hohaus überreicht
René Durand einen Brief mit 100,– DM, den ein mitleidender
Leser geschickt hat.

Das Kuppeltürmchen wird in Sicherheit gebracht.

● Redaktion (040) 359 14-1 ● Anzeigen (040) 359 14 274/275
Vertrieb/Post-Abo-Best. (040) 359 14 283

HAMBURGER
Morgenpost

Nr. 42/7. W., 35. Jahrg., Sonnabend, 19. Feb. 1983   50 Pf ● C1986A

SALAMBO
St. Paulis
heißestes
Sex-Theater
abgebrannt

Foto: dpa

Das „Salambo" war einer der wenigen Läden auf St. Pauli, w..
geneppt wurde. Die Zahl der Feinde war darum groß.

Hamburg – Die Welt ist um eine Attraktion ärmer! Das „Salambo" auf St. Pauli, ein „Sex-Theater", dessen Aufführungen in keinem Etablissement zwischen Rotterdam, Rio und Hongkong übertroffen werden konnten, ist ein Trümmerhaufen. Das Sex-Theater des zwirbelbärtigen René Durand ist ausgebrannt.

2,1 Millionen Mark Schaden. Die Kripo: Brandstiftung! Sieben Löschzüge der Feuerwehr waren auf der Großen Freiheit im Großeinsatz.

René Durand, bei dem Besuchergruppen aus der Provinz und Schiffsbesatzungen zu ermäßigtem Tarif Einlaß erhielten, war während des Feuers in Brüssel. Er bereitete eine neue Show vor: 25 Mädchen (alle Hautfarben) und 20 Männer, (alle Größen) sollten Sexualitäten zeigen (alle Arten). Jetzt droht Durand die Pleite.

Denn das „Salambo", das 1970 in den Räumen des legendären Star-Clubs (hier wurden die Beatles entdeckt) für den Publikumsverkehr geöffnet wurde, war nicht versichert.

René Durand und Frau Renate (rechts) gestern vor den Trümmern: „Ich mache weiter – egal wie", war seine erste Reaktion

Die Feuerwehr war machtlos. Das „Salambo" in der Großen Freiheit auf St. Pauli, von dem und ...chen Hans Albers besungen, ist nur noch ein Trümmerhaufen. Brandstiftung aus Rach...

Schon wenige Tage nach dem Brand beginnen Durands
Mitarbeiter mit dem Umbau des Hauses Große Freiheit Nr. 11.

Drei Monate später kann Durand dort sein Salambo
wiedereröffnen.

lang über der Großen Freiheit thronte und als Konkurrenz-
turm zur benachbarten katholischen Josephskirche der
berühmten Straße ein typisches Aussehen gab. Das Türm-
chen steht, seit seiner Sicherstellung durch die Feuerwehr,
im Hinterhof des Eros-Center und wartet dort auf einen
Museumsplatz oder aufs Verschrotten.

Zwei Tage nach dem Brand steht für Durand fest: Wir
machen weiter! Mit seinem ganzen Ensemble posiert er
optimistisch in der Brandruine. Die Schauspieler, Tänzer
und Stripperinnen werden vorübergehend zu »Bauarbei-
tern«. Jeder faßt mit an, um in möglichst kurzer Zeit ein
neues Salambo im Haus Große Freiheit Nr. 11 zu eröffnen.

...und was davon übrig blieb

Bevor die Bagger so richtig zum Schaufeln kamen, waren die fleißigen Fledderer dagewesen. Gefleddert wurde alles, von den angekohlten Badekacheln bis zu den Buchhaltungsunterlagen.

In einem Anflug von Nostalgie begaben wir uns nach Fertigstellung dieses Buches noch einmal in die Hausruine der Großen Freiheit 39 und fanden im Keller, unter Schutt und Asche begraben, jedoch vom Feuer verschont, 10 Jahre Star-Club-Geschichte in Form von rund 10 Zentnern Akten. Fein säuberlich und finanzgerecht abgeheftet präsentierten sich uns sämtliche Rechnungen, Gagenabrechnungen, Briefe, Steuererklärungen und vor allem Wechsel. Wechsel sind, wie der Name schon ganz klar sagt, Schuldscheine auf Zeit: Ein Schuldner verpflichtet sich, dann und dann den und den Betrag zu zahlen. Wenn man Berge von Wechseln findet, dann hat man eine Bank, einen Finanzjongleur oder einen Wechselreiter gefunden. Übrigens ist Wechselreiter ein Schimpfwort.

Manfred Weißleder schrieb Wechsel aus wie andere Autogramme geben. Es fanden sich Wechsel mit Nominalwerten von unter 100 Mark. Schlußfolgerung: entweder war Manfred Weißleder immer am Rand der Pleite und rettete sich mit (kostspieligen) Wechseln von Woche zu Woche oder er war ein Finanzjongleur, der mit schnellem Geld arbeiten konnte. Zwar war der Star-Club immer voll, aber was halbstark ist, muß ja nicht zwingend viel Geld haben. Zwar verschaffte die Reputation des Star-Club ziemlich bald Einnahmen, Weißleder konnte beispielsweise den Namen »Star-Club« in mehrere andere Städte verpachten, aber der Star-Club war immer auch ambitiös. »Die Konzerte an den Wochenenden, mit großer Besetzung, seien immer defizitär gewesen, nur unter der Woche sei ans Verdienen zu denken gewesen,« so erzählte es Weißleder jedem, der

Drei Jahre lang (1983–1986) steht die Ruine unangetastet.

Der Hof des Hauses ist mittlerweile zugewachsen.

Immer wieder kommen Musiker und frühere Besucher
zu der Ruine gepilgert. Keiner kann recht fassen, daß dies nun
alles endgültig »Geschichte« ist. Der Hausfotograf
des Hauses Nr. 39 macht selbst in der Ruine weiter Fotos.
Ein sehr bizarres Studio ist entstanden!

es hören wollte. Ob's nun wahr ist oder nicht: Eineinhalbtausend zahlende Gäste konnte der Club durchaus aufnehmen. In den Kassenbelegen zwischen Präservativ-Provisionsgutschriften und Negligé-Rechnungen fanden wir die handunterschriebenen Gagenquittungen sämtlicher Künstler, von den Beatles bis zu Bill Haley und haben inzwischen eine enorme »Autogrammsammlung« zusammengetragen.

Wir wissen nun, welche Gruppe für Zuspätkommen wieviel Gagenabzug erhalten hat, wieviel Steaks und Schnitzel die hungrigen Bandmitglieder verspeist haben, in welchen Hamburger Nachtlokalen die Manager herumgeführt wurden, um Laune und gute Preise zu machen und daß Gene Vincent einen Hotelnachttisch »angekogelt« hat.

Die hobbyarchäologisch zutage geförderten Unterlagen des Star-Club belegen, wenn sie dereinst einmal vollständig ausgewertet sein werden, mit Sicherheit auch, warum die fetten sieben Jahre des Star-Club nach 1968 zu Ende sein mußten. Die Kassabücher dokumentieren die explosionsartige Entwicklung der Kosten. Der Aufwand für die Superstars des Rock stieg ziemlich rasch derart in die Höhe, daß ein Etablissement von der Größe des Star-Club bald einmal aus dem Rennen fiel. 1962 bezahlte Manfred Weißleder für die Beatles wöchentlich DM 750,–, zuzüglich einer fünfzehnprozentigen Provision für einen Herrn Brian Epstein, Liverpool. Und dafür rockten die Jungs von 21.00 Uhr bis um 5.00 Uhr früh. Bereits zwei Jahre später konnte Weißleder nicht einmal Freundschaftstarife aushandeln, denn bereits die Selbstkosten der Beatles überstiegen sein Budget vielfach. Gene Vincent, Bill Haley, Sam Cook, Little Richard, Joy Deey und Jerry Lee Lewis: Weißleder hat sie alle engagiert, auch wenn daraus ein Zuschußgeschäft wurde. Aber die Gigantomanie, die Technomanie der kommerzialisierten Rock-Musik, ein konsequentes Marketing der Schallplatten-Konzerne trugen dazu bei, daß nach Buletten und Lichtspiel nun auch Weißleder das Handtuch warf.

René Durand gibt im Mai 1986 eine Abschlußvorstellung
mit seinem Cats-Parodie-Ensemble auf der
ehemaligen Star-Club-Bühne.

Rainer Wick und Günter Zint im Star-Club-Keller im April 1986

Mit dem finanziellen Garaus des Manfred Weißleders wurde dieser wohl legendärsten Epoche der Großen Freiheit 39 das Ende besiegelt.

Einige Dokumente, die Günter Zint und Rainer Wick im Keller der Großen Freiheit 39 fanden:

1. Preis für einen Twistwettbewerb

An / Von   "PHANTOM BROS"

Kassen-Beleg Nr. 1777

wurden heute bezahlt für:

GAGE   PRO WOCHE 800.-   1.600.—

NTO.   1.200.—

FUR 2 TAGE 2/7   171.50   343.—

FUR PFÄNDUNG 50% + 4   42.—

301.—

ANTO.   20.—

281.—

Empfangs-Bestätigung (Ort, Datum, Unterschrift):

Belastung: Konto: Gebucht:

Gutschrift:

An / Von   Gene Vincent

Kassen-Beleg Nr.

wurden heute bezahlt für:

1 Ring   750

Empfangs-Bestätigung (Ort, Datum, Unterschrift):

31.5.62

Belastung: Konto: Gebucht:

Gutschrift:

143

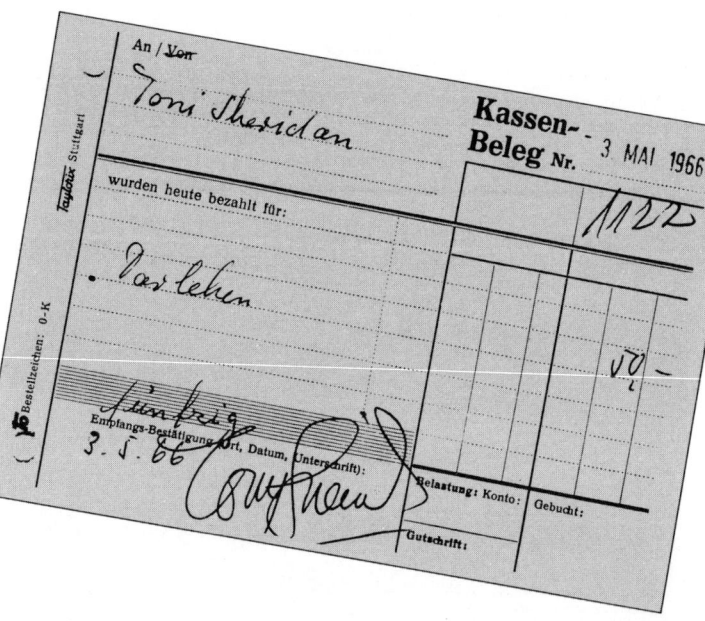

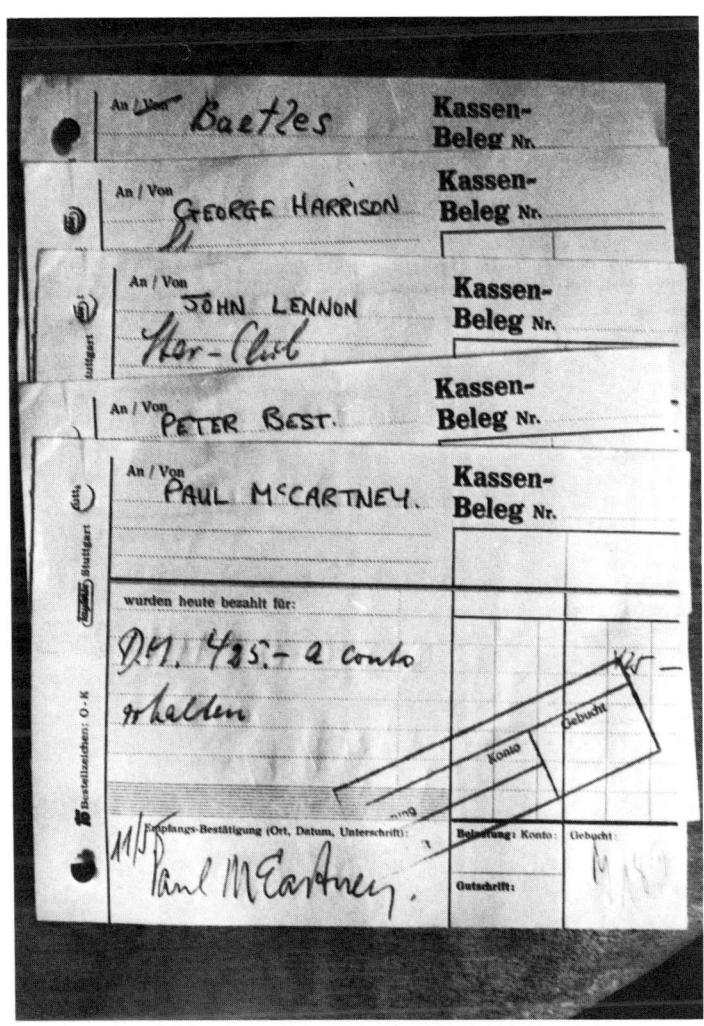

Verschiedene Gagenabrechnungen,
die auch teilweise
in Form von Schmuckstücken oder Darlehen
ausgezahlt wurden.

„Hotel Pacific"

Inh. Ernst Fründt und Kurt Petrasch

Preiswerte Zimmer · Restaurant · Bäder · Telefon · eigene Garagen · große Parkmöglichkeiten

Firma
Manfred Weissleder KG.

Hamburg - Altona
Grosse Freiheit 39

Telefon 31 43 05
Telegr.-Adresse: Skandiahotel Hamburg
Bankkonten: Neue Sparcasse v. 1864. 24/10884
Schleswig-Holsteinische Westbank,
Dep.-Kasse Beim grünen Jäger

Hamburg 6, den   30.8.62/Ha.
Neuer Pferdemarkt 30-31

2031

Sehr geehrter Herr Weissleder!

Wir erlauben uns, Ihnen in der Anlage die Hotelrechnungen
No. 1279/1278/1000 zu überreichen. Laut telefonischer Ab-
sprache erlauben wir uns ebenfalls einen Betrag von DM 10,--
für einen von Herrn Vincent verbrannten Nachttisch zu er-
heben. Wollen Sie uns den Betrag von DM 1.362,40 bitte gut-
schreiben.

In der Hoffnung auch weiterhin Gäste von Ihnen bei uns
begrüssen zu dürfen, zeichnen wir

hochachtungsvoll.

3 Anlagen   *1362.40*   i. J. S. Naadw

Betrag erhalten
Pacific
i. J. S. Naadw

Hotelrechnung für Gene Vincent, die Manfred Weißleder
begleichen mußte – einschließlich der Kosten für den von
Gene Vincent angekokelten Nachttisch.

12-14, Whitechapel, Liverpool 1.

BE/BA:

5th May 1962

Dear Manfred,

Many thanks for telegraph money orders received
here yesterday.

I hope to return to Germany myself sometime
later this month but in the meantime I hope that
all goes well for you with The Beatles.

Kind regards and best wishes.

Yours sincerely,
Brian Epstein.

Manfred Weisleider,
Star-Club,
HAMBURG-Altona,
Grosse Freiheit 39,
GERMANY.

Ein Schreiben von Beatles-Manager Brian Epstein

des Prüfungsberichts
bei der Firma Manfred Weissleder KG

1.) An Aushilfslöhnen, Übernachtungsgelder für Arbeitnehmer (Mädche
sowie Sonntags- und Leistungsprämien wurden folgende Beträge fe
gestellt:

1961	-	959,70	DM
1962	-	3.075,--	"

2.) Anläßlich einer Filmreise nach Schweden wurden an zwei Arbeitne
merinnen in 1961 jeweils 500,-- DM Gage unversteuert ausgezahlt

Die Nachforderung an Lohn- und Lohnkirchensteuer zu Textziffer
und 2 erfolgt mit 12 v. H. Lohnsteuer und 6 v. H. Kirchensteuer

Lohnsteuer	-	604,16 DM
Kirchensteuer	-	36,24 "

3.) Herr Paul Müller, wohnhaft Hamburg 4, Kleine Freiheit 48, ist i
dem Unternehmen als Kontrolleur tätig (Kontrolle des Warenein-
Verkaufs sowie die der Umsätze der Bars). Es handelt sich bei d
ser Tätigkeit um nichtselbständige Arbeit i. S. von § 19 EStG b
§§ 1 und 2 LStDV.

An Zahlungen erhalten hat der Stpfl. in

	1962	-	19.077,20 DM
und	1963 (bis 31.3.)		5.100,-- ".

Lohnsteuer-Abzugbeträge wurden weder einbehalten noch abgeführ
Begründet wurde dieses Verhalten damit, daß die Tätigkeit des
Herrn Müller zunächst als solche aus selbständiger Arbeit anges
hen wurde.

Es handelt sich in dem vorliegenden Fall um ein zweites Arbeits
verhältnis. Die Nachforderung erfolgt daher mit

	20 v. H. Lohnsteuer
und	8 v. H. Kirchensteuer.

Lohnsteuer	-	4.835,44 DM	52223
Kirchensteuer	-	386,83 "	

Für 1963 wird von Herrn Müller eine zweite Steuerkarte angefor-
dert werden.

Gesamtnachforderung an Lohn- und Lohnkirchensteuer

5.439,60 DM	Lohnsteuer
423,07 DM	Lohnkirchensteuer.

4.) Steuerabzug gem. § 50a Abs. 4 EStG (Ausländische Solisten und
Musikkapellen)

In 1962 wurden irrtümlich die Nebenkosten (Reisespesen und Über-
nachtungskosten der Arbeitnehmer) nicht dem Steuerabzug unterworfen. Unversteuert blieb daher ein Betrag von

48.224,59 DM.

Nachforderung: 17,65 % von 48.224,59 DM = 8.511,64 DM.

Die Zahlungsverpflichtung wurde von dem Steuerpflichtigen schri
lich anerkannt. Eine schriftliche Zahlungsaufforderung mit Fris
bis zum 25. Mai 1963 wurde dem Steuerpflichtigen ausgehändigt.

5.) Lohnsummensteuer

Die gesamten Gagen, die dem Steuerabzug gem. § 50a Abs. 4 EStG
unterworfen worden sind, sind nicht zur Lohnsummensteuer erklärt
worden, weil der Steuerpflichtige der Auffassung war, daß es sic
nicht um Arbeitslohn handelte.

Es handelt sich um folgende Beträge:

Prüfungsbericht des Finanzamtes, bei dem Manfred Weißleder
859.330,- DM nachzahlen mußte, u. a. für nicht abgeführte

1962:	Gagen (netto)	436.473,71 DM	
	zuzügl.Steuern	77.037,20 "	
	" Nebenkosten	48.224,59 "	
	" Steuern auf Nebenkosten	8.511,64 "	570.247,14 DM
1963:	Gagen plus Nebenkosten einschl. Steuern......................		259.872,14 "
			830.119,28 DM
	zuzüglich:		
1961:	gem. Textziffer 1		959,70 "
	" " 2		1.000,-- "
1962:	" " 1		3.075,-- "
	" " 3		24.177,20 "
			859.331,18 DM
		abgerundet:	859.330,-- DM

Der Steuerpflichtige bittet um Zustellung eines Lohnsummensteuer-
Meßbescheids für den festgestellten zusätzlichen Arbeitslohn in Höhe
von abgerundet

    859.330,-- DM für die Jahre 1961/1963.

Der Steuerpflichtige beabsichtigt, gegen die Heranziehung zur Lohnsummensteuer im Hinblick auf die gerügte Verfassungsmäßigkeit ein
Rechtsmittel einzulegen.

20/643

Lohnsteuersummen, weil er der Auffassung war, daß es sich bei
den Gagen um keinen Arbeitslohn handelte.

Firma

S T A R - C L U B
Manfred Weissleder KG

2 H a m b u r g 50

Große Freiheit 39

Maschen, den 16. 4. 1966

R E C H N U N G

Auf Grund der mit Ihnen getroffenen Vereinbarung
erlauben wir uns an Tonstudio - Kosten zu berechnen:

8 Std. Aufnahme am 7.4. mit " The Faces "	a 80.--	DM	640.--
1 1/2 Std. Schneiden und Kopieren	a 35.--	DM	52.50
Bandmaterial		DM	52.80
1 Metallspulen - Kern		DM	1.50
2 Leerspulen	a 1.40	DM	2.80
1 Karton		DM	-.90
		DM	750.50

Rechnung eines Tonstudios für Aufnahmen mit der Gruppe
»The Faces«.

150

Bye-bye Star-Club!

Am 12.10.1986 wurde der Star-Club von seiner großen Fan-Gemeinde »beerdigt«. Genau im Hause gegenüber, in dem die Beatles schon vor ihrem Star-Club-Engagement auf der Kaiserkellerbühne standen, fand eine große Abbruchfete für das historische Gemäuer statt. Ein ehemaliger Star-Club-Besucher, der im schwarzen Anzug erschienen war, drückte aus, was viele dachten: »Den Star-Club kann man nicht abreißen, der Star-Club – das sind wir!«

So stand das Fest auch unter dem Motto »rock and roll never dies«. Vormittags, ab 10 Uhr, fand ein Frühschoppen mit alten Star-Club-Tonbändern statt. Alte Schallplatten, Fotos, Zeitschriften, Dokumente und Andenken des Star-Club wurden getauscht oder verkauft. Um 15 Uhr spielten die Cavern-Kids Beat- und Rock-Oldies. Tina und die Caprifischer spielten dann Itsi-Bitsi-Teeni-Weeni-Schmand zum Herzerweichen. Manchmal konnte man rätseln, ob die Tränen der Fans vor Rührung rollten oder ob es Lachtränen waren. Um 17 Uhr wurde eine Auktion zugunsten der Stadtteilzeitung St. Pauli Durchblick veranstaltet. Eine John-Lennon-Gagenquittung über 425,– DM brachte 540,– DM ein. Bühnenbretter, Kassenbox und Schriftwechsel des Star-Club gingen für Liebhaberpreise weg wie »warme Semmeln«. Um 20 Uhr spielte eine alte Star-Club-Gruppe: John Law & The Tremors. Die Stimmung, die vorher schon von einer 10-Frau-starken Samba-Truppe (A Massa) angeheizt wurde, kam schnell zum Kochen. Um 21.30 Uhr formierten sich über 1000 Menschen zu einem Trauerzug. Hinter der Delta Brass Band, die New-Orleans-Beerdigungshymnen und »Näher mein Gott zu dir« intonierte, ging der Trauermarsch durch die Schmuckstraße, Talstraße und über die gesperrte Reeperbahn und die Große Freiheit herunter wieder bis zum Star-Club. Dort warfen die Fans Blumen über den Bauzaun und deckten den Star-Club oder das, was davon übrig war, mit mehreren Zentnern Blumen zu. Die Abbrucharbeiter, deren Vorarbeiter Tingel übrigens

Lee Curtis, der es zu fast 7000 Star-Club-Auftritten gebracht
hatte, rockt noch einmal wie in alten Zeiten.

Ein letzter Abschiedsgruß
vom Star-Club

Star-Club-Stammgast war, feierten mit. Ein derart geschmücktes Haus haben sie nach eigenem Bekunden noch nie abgerissen. Nach dem Trauermarsch fegte die Liverpooler Gruppe Juke jede Wehmut mit fetzigem Mersey-Bop weg. Als sie nach vier Zugaben die Bühne des Veranstaltungszentrums Große Freiheit 39 für Alt-Star Lee Curtis räumten, machten sie den Ring frei für einen Auftritt, der mit Sicherheit in die Musikgeschichte eingeht. Lee Curtis legte mit den Bonds 81 (ebenfalls alte Star-Club-Musiker) eine Rock-and-Roll-Show auf die Bühne, die mit Worten zu beschreiben kaum möglich ist. Fast schien es, als wollte Lee alle Kraft und Inbrunst seiner fast 7000 Star-Club-Auftritte in eine Show einbringen. Selbst die mittlerweile 40- bis 50jährigen Fans, die wohl seit 10 Jahren nicht mehr das Tanzbein geschwungen haben, kamen regelrecht in Ekstase.

Der fast zwei Stunden dauernde Auftritt ist von einem Team von Radio Bremen gefilmt worden. Damit wurde das letzte Spektakel, das an dieser Stelle stattfand, für alle Fans festgehalten.

Bye-bye Star-Club, bye-bye Große Freiheit 39!

 **HEYNE BÜCHER**

SCENE

Die Taschenbuch-reihe für Leser, die sich noch Alterna-tiven vorstellen können. Andere Lebensformen, Musik, Gegenkul-tur, neue Aus-drucksformen.

18/17 - DM 7,80

18/20 - DM 7,80

18/22 - DM 12,80

18/23 - DM 12,80

18/24 - DM 7,80

18/25 - DM 7,80

18/26 - DM 7,80

18/27 - DM 6,80